瑞佩尔 主编

新能源电动汽车 混合动力汽车 故障诊断与维修宝典

【国产品牌】

化学工业出版社

·北京·

内容简介

《新能源电动汽车混合动力汽车故障诊断与维修宝典》分为国产品牌与国外品牌两册。本书为国产品牌分册，书中举例的品牌车型有比亚迪秦、汉、唐、宋、元、海豹、e1、e5、e6、小鹏P5、G3I、P7、X9、理想ONE、问界M5、M7、M9、蔚来ES6、小米SU7、零跑C01、奇瑞小蚂蚁、江淮新能源、江铃新能源E200、长城欧拉白猫、北汽新能源EV200、EX360、EU5、EU7、广汽新能源、吉利几何熊猫mini、G6、吉利帝豪L、极越01、上汽荣威Marvel X。

本书既有系统的结构原理、部件功能特性的讲解，也有总成部件拆装、电路端子检测、故障诊断排除等实际操作分解步骤详解，关键难点部分还配有视频演示，扫码即可观看，一目了然。全书内容围绕三电系统及智能网联汽车特有的其他结构部件展开介绍相关技术，并融入大量的一线维修案例作为参照。

全书图文对照，深入浅出，轻松易懂，不仅可以供各汽车院校与职业培训机构作为新能源汽车维修的专业教材选用，也可以作为广大汽车售后技术人员从燃油汽车维修行业进入新能源汽车维修领域的技术进修读物。

图书在版编目（CIP）数据

新能源电动汽车混合动力汽车故障诊断与维修宝典. 国产品牌 / 瑞佩尔主编. -- 北京：化学工业出版社，2024.11. -- ISBN 978-7-122-24175-7

Ⅰ．U469.720.7

中国国家版本馆CIP数据核字第20248HD371号

责任编辑：周　红　　　　　　　　　　　文字编辑：严春晖
责任校对：李雨晴　　　　　　　　　　　装帧设计：刘丽华

出版发行：化学工业出版社（北京市东城区青年湖南街13号　邮政编码100011）
印　　装：河北京平诚乾印刷有限公司
787mm×1092mm　1/16　印张14　字数339千字　2024年11月北京第1版第1次印刷

购书咨询：010-64518888　　　　　售后服务：010-64518899
网　　址：http://www.cip.com.cn
凡购买本书，如有缺损质量问题，本社销售中心负责调换。

定　　价：99.80元　　　　　　　　　　　　　　　　　　版权所有　违者必究

前言

新能源汽车的英文名称是 New Energy Vehicles，是指采用非常规的车用能源（即除汽油、柴油之外）作为动力来源（或使用常规的车用燃料、采用新型车载动力装置），综合车辆的动力控制和驱动方面的先进技术，形成的技术原理先进，具有新技术、新结构的汽车。

广义上的新能源汽车包括纯电动汽车（battery electric vehicle，BEV）、增程插电式电动汽车（装有小排量汽油发动机但行驶动力以电动为主）（plug in hybrid electric vehicle，PHEV）、油电或油气混合动力汽车（hybrid electric vehicle，HEV）、燃料电池电动汽车（fuel cell electric vehicle，PCEV）、氢发动机汽车、太阳能和其他新型能源汽车等。目前新能源汽车一般特指纯电动汽车与插电混动及增程式电动汽车。

相较于传统燃油汽车，电动汽车由于没有了发动机、变速器等复杂的机械部件，因此机械故障的维修量和维修难度相对较小。新能源汽车之"新"，在于被业内称为"三电"的电池、电机、电控，这些系统机械故障的维修所占比重较小，更多的是侧重于电气故障的维修。在维修难度层面，燃油汽车维修难度最大的部分就在于发动机和自动变速器，因为它机械结构比较复杂，还涉及到电控。而现在电动汽车的电机、电池等，其机械结构则比较简单，但对于维修人员电学知识的要求较高，且维修时对诊断设备的依赖度更高。

从传统燃油汽车转变到新能源汽车的维修，其实并没有多大的不同与困难。唯一要关注的就是高压安全问题及高压系统与部件的维修诊断技术。

高压电如果操作不当，会危及接触者的生命。当然我们也不用谈"电"色变，因此而止步不前。只要遵守"用正确的工具和正确的方法去做正确的事情"的原则，维修新能源汽车的作业安全问题也将不再是问题。

与传统燃油车型相比，很多系统及总成部件，其构造原理、拆装检测及维修方法都是相同的。比如插电混动的发动机，变速箱，底盘传动、行驶、转向及制动系统，车身电器及车身构件等。

纯电动汽车相比燃油汽车结构更加简单,去除了发动机与变速器总成,换上一套高压系统,而插电混动汽车则是在燃油车型的基础上加上了一套高压系统,成为燃油车加电动车的混合体。这样的结构看起来比燃油汽车更复杂,但只要我们分别对待,将高压系统单独地理解和处理,事情也就没有那么复杂了。

为了让更多想进入新能源汽车售后服务领域的人员快速学习新能源汽车相关的结构原理知识,掌握新能源汽车"三电系统"及智能网联汽车新型系统的专业维修技能,我们特地组织一线维修技术专家编写了《新能源电动汽车混合动力汽车故障诊断与维修宝典》,分"国产品牌"与"国外品牌"两个分册。

书中内容以模块化的方式及按"结构、原理、设置、拆装、检测、诊断、案例"的认知顺序进行编写,各小节结合知名品牌主流车型的技术特性、维修方法与一线实战案例分析展开叙述。

本书内容共分为8章。第1~第4章以"三电技术"为主讲解动力电池、充电系统、电驱系统和温度控制系统(热管理系统);第5~第8章简要描述智能网联汽车智能底盘技术、自动驾驶技术、智能座舱技术及车辆控制系统。

本书整理了30多个新能源汽车品牌共计近60款车型的"三电"维修资料,配套了重难点原理讲解演示与维修实操视频,使得内容更加易学易懂,真正做到零基础维修,入门即精通。

本书由瑞佩尔主编,参加编写的人员还有朱如盛、周金洪、刘滨、陈棋、孙丽佳、周方、彭斌、王坤、章军旗、满亚林、彭启凤。在编写过程中,参考了大量汽车厂商的文献资料,在此,谨向这些资料信息的原创者们表示由衷的感谢!

囿于编者水平,及成书匆促,书中疏漏在所难免,还望广大读者朋友及业内专家多多指正。

编 者

目 录

第1章 动力电池 // 001

1.1 动力电池包（HVB） 001
- 1.1.1 原理秒懂：三元锂电池结构与原理 001
- 1.1.2 原理秒懂：磷酸铁锂电池结构与原理 001
- 1.1.3 结构秒认：动力电池封装形式 002
- 1.1.4 部件快拆：小鹏 P7 动力电池包拆装 004
- 1.1.5 部件快拆：江淮 IEV6/IEV7 电池包模组拆解 007
- 1.1.6 部件快换：比亚迪秦 DM 电池包模组更换 010
- 1.1.7 设置技巧：比亚迪秦 DM 动力电池维修模式充电设置 012
- 1.1.8 电路快检：比亚迪动力电池包漏电检测方法 013
- 1.1.9 电路快检：比亚迪汉 EV 动力电池包检测 014
- 1.1.10 案例精解：比亚迪唐 DM 动力电池包故障 015
- 1.1.11 案例精解：比亚迪唐 DM 动力电池包采样线故障 019
- 1.1.12 案例精解：北汽新能源 EX360 动力电池续航下降故障排除 019

1.2 电池管理系统（BMS） 021
- 1.2.1 原理秒懂：北汽新能源电动车 BMS 功能 021
- 1.2.2 原理秒懂：小鹏 G3I 电动车 BMS 功能 022
- 1.2.3 电路快检：唐 DM 插电混动 BMS 检测 024
- 1.2.4 故障速诊：问界 M9 增程版动力电池故障诊断 026
- 1.2.5 故障速诊：比亚迪电池管理系统常见故障处理方法 027
- 1.2.6 案例精解：比亚迪 e6 车型 BMS 故障 029

1.3 高压配电系统（PDU） 030
- 1.3.1 结构秒认：高压配电箱功能 030
- 1.3.2 原理秒懂：小鹏 P5 高压配电盒功能原理 032
- 1.3.3 部件快拆：芝麻 E30 汽车 PDU 拆装 032
- 1.3.4 电路快检：比亚迪唐 PDU 电路检测 033
- 1.3.5 故障速诊：吉利几何熊猫 MINI EV 高压配电系统故障诊断 034
- 1.3.6 案例精解：比亚迪 e6 电动车 PDU 故障排除 035

1.4 高压安全系统 ··········· 037
　1.4.1 结构秒认：高压安全策略 ··········· 037
　1.4.2 原理秒懂：高压互锁（HVIL） ··········· 038
　1.4.3 维护快保：高压安全操作规范 ··········· 040
　1.4.4 维护快保：高压断开与重连 ··········· 041
　1.4.5 电路快检：传祺 GA3S 互锁回路故障检修 ··········· 042
　1.4.6 电路快检：比亚迪秦 DM 高压绝缘检测 ··········· 044
　1.4.7 案例精解：比亚迪秦 DM 高压互锁故障 ··········· 047
　1.4.8 案例精解：比亚迪宋 DM 电池包漏电故障 ··········· 049

第 2 章　充电系统　// 051

2.1 交流充电（慢充） ··········· 051
　2.1.1 原理秒懂：交流充电（慢充）电路原理 ··········· 051
　2.1.2 维护快保：电动车交流充电口保养 ··········· 052
　2.1.3 电路快检：电动车交流充电端子检测 ··········· 053
　2.1.4 故障速诊：传祺增程电动车交流充电故障排除 ··········· 054
　2.1.5 案例精解：比亚迪 e5 无法使用交流充电故障排除 ··········· 056
2.2 直流充电（快充） ··········· 058
　2.2.1 原理秒懂：直流充电（快充）电路原理 ··········· 058
　2.2.2 原理秒懂：直流充电控制流程 ··········· 059
　2.2.3 电路快检：电动车直流充电端子检测 ··········· 059
　2.2.4 故障速诊：比亚迪元 PRO 直流充电故障排除 ··········· 060
　2.2.5 案例精解：比亚迪元 EV 无法直流充电故障排除 ··········· 063
2.3 车载充电机（OBC） ··········· 065
　2.3.1 原理秒懂：车载充电机内部结构与工作原理 ··········· 065
　2.3.2 部件快拆：奇瑞小蚂蚁车载充电机拆装方法 ··········· 066
　2.3.3 电路快检：新能源车 OBC 端子检测 ··········· 067
　2.3.4 故障速诊：奇瑞小蚂蚁车载充电机故障诊断 ··········· 069
　2.3.5 案例精解：比亚迪 e1 车型 7kW 交流充电有时跳枪 ··········· 070
2.4 DC-DC 转换器 ··········· 071
　2.4.1 原理秒懂：新能源车直流转换器原理 ··········· 071
　2.4.2 电路快检：新能源车直流转换器常规故障检测方法 ··········· 072
　2.4.3 案例精解：比亚迪秦 DM 直流转换器故障排除 ··········· 073

第 3 章　电驱系统　// 075

3.1 驱动电机 ··· 075
　3.1.1 原理秒懂：电机一般结构与工作原理 ··· 075
　3.1.2 结构秒认：永磁同步电机一般结构 ·· 076
　3.1.3 原理秒懂：感应异步电机工作原理 ·· 077
　3.1.4 部件快拆：蔚来 ES6 驱动电机拆装 ··· 078
　3.1.5 部件快拆：奇瑞小蚂蚁驱动电机拆装 ··· 081
　3.1.6 电路快检：奇瑞小蚂蚁电机端子检测 ··· 082
　3.1.7 案例精解：江淮新能源电动车电机工作失效故障 ···································· 084
　3.1.8 案例精解：广汽新能源汽车电机过速故障 ·· 084
　3.1.9 案例精解：广汽新能源汽车发电机旋变故障 ·· 086
3.2 电机控制器（PCU） ·· 088
　3.2.1 结构秒认：比亚迪多合一电控总成功能与结构 ······································· 088
　3.2.2 原理秒懂：电机控制器工作原理 ··· 089
　3.2.3 部件快拆：比亚迪 e6 电机控制器拆装 ··· 091
　3.2.4 电路快检：江铃 E200 电动车 TMC 端子检测 ··· 096
　3.2.5 故障速诊：比亚迪唐 DM 电机控制器数据流分析 ··································· 099
　3.2.6 故障速诊：比亚迪唐 DM 电驱系统诊断流程 ·· 100
　3.2.7 案例精解：比亚迪唐 DM 电机控制器高温故障 ······································ 102
　3.2.8 案例精解：比亚迪唐 DM 电机控制器与 DC 总成故障 ··························· 103
3.3 混动变速器（DHT） ·· 104
　3.3.1 结构秒认：国产混动用 DHT 结构分析 ·· 104
　3.3.2 原理秒懂：国产混动用 DHT 技术原理 ·· 106
　3.3.3 结构秒认：比亚迪 DM6HDT45 混动变速器 ··· 111
　3.3.4 原理秒懂：比亚迪 EHS 系统原理 ··· 114
　3.3.5 部件快拆：比亚迪秦 Plus DMi EHS 总成拆装 ······································· 117
　3.3.6 设置技巧：长城哈弗 DHT 车型旋变标定方法 ·· 118
　3.3.7 电路快检：比亚迪秦 Plus DMi 双电控系统端子检测 ····························· 118
　3.3.8 案例精解：比亚迪唐 DM 变速器故障 ·· 121

第 4 章　温度控制系统

4.1 空调制冷系统	124
4.1.1 结构秒认：空调制冷系统组成	124
4.1.2 原理秒懂：空调制冷系统原理	125
4.1.3 原理秒懂：空调通风系统原理	125
4.1.4 部件快拆：吉利极越 01 电动空调压缩机拆装	126
4.1.5 电路快检：电动汽车空调压缩机故障判断	127
4.1.6 故障速诊：北汽新能源 EU5 网约版电动空调压缩机故障诊断	128
4.1.7 案例精解：比亚迪秦 DM 空调压缩机故障	128
4.2 空调暖风系统	129
4.2.1 结构秒认：暖风加热系统组成	129
4.2.2 原理秒懂：暖风加热系统原理	130
4.2.3 设置技巧：比亚迪 PTC 加热系统排气方法	131
4.2.4 部件快拆：吉利极越 01 高压冷却液加热器拆装方法	131
4.2.5 故障速诊：比亚迪 PTC 功能不正常检修方法	132
4.2.6 故障速诊：北汽新能源 EU5 网约版 WTC 故障诊断	134
4.2.7 案例精解：比亚迪唐 DM 插混 PTC 不工作故障排除	134
4.3 高压温控系统	136
4.3.1 结构秒认：动力电池包冷却部件	136
4.3.2 原理秒懂：比亚迪电池包水冷系统工作方式	137
4.3.3 原理秒懂：比亚迪电池包加热	138
4.3.4 结构秒认：蔚来 ES6 电驱冷却系统组成部件	139
4.3.5 结构秒认：零跑 C01 电池温控系统组成部件	140
4.3.6 原理秒懂：零跑 C01 电池温控系统工作原理	140
4.3.7 结构秒认：零跑 C01 电驱冷却系统组成部件	142
4.3.8 原理秒懂：零跑 C01 电驱冷却系统工作原理	142
4.3.9 维护快保：比亚迪电池冷却系统排气方法	144
4.3.10 部件快拆：奇瑞小蚂蚁冷却部件拆装	144
4.3.11 案例精解：比亚迪唐 DM 电池加热器故障排除	146
4.3.12 案例精解：比亚迪 e5 冷却系统故障排除	148

第 5 章　智能底盘系统　// 149

5.1　电子悬架（EDC） 149
5.1.1　结构秒认：问界 M9 电子悬架系统组成 149
5.1.2　原理秒懂：问界 M9 电子悬架控制原理 151
5.1.3　结构秒认：小鹏 X9 电子悬架系统组成 152
5.1.4　原理秒懂：小鹏 X9 电子悬架控制原理 153
5.1.5　故障速诊：问界 M9 纯电车型电子悬架系统故障诊断 154
5.2　智能制动（IPB） 155
5.2.1　原理秒懂：制动能量回收系统 155
5.2.2　结构秒认：比亚迪新能源车 IPB 系统组成 157
5.2.3　总成快换：比亚迪唐 DMi 插混 IPB 总成更换 158
5.2.4　电路速检：比亚迪 IPB 控制器端子信息 160
5.2.5　故障速诊：比亚迪汉车型 IPB 系统故障诊断 161
5.2.6　案例精解：比亚迪秦 EV 报"请检查制动系统"故障排除 162
5.3　电动转向（EPS） 163
5.3.1　结构秒认：比亚迪唐 EPS 结构 163
5.3.2　原理秒懂：比亚迪 R-EPS 电动助力转向系统原理 163
5.3.3　设置技巧：比亚迪 EPS 扭矩与转角信号标定 164
5.3.4　故障速诊：比亚迪 R-EPS 系统数据流分析 165
5.3.5　案例精解：比亚迪唐 DM 电动助力转向故障 165
5.3.6　案例精解：北汽新能源 EV200 行驶中转向无助力故障排除 166

第 6 章　自动驾驶系统　// 168

6.1　行车辅助（ADAS） 168

6.1.1	原理秒懂：自动驾驶技术分级标准	168
6.1.2	原理秒懂：小鹏 X9 驾驶辅助系统	169
6.1.3	原理秒懂：问界 M7 驾驶辅助系统原理	169
6.1.4	设置技巧：吉利几何 G6 前置摄像头（FCS）标定方法	171
6.1.5	故障速诊：多功能视频控制器（MPC）检修方法	172
6.1.6	案例精解：比亚迪唐 DM 车型 ACC 中距雷达故障排除	174

6.2 泊车辅助（APA） 176

6.2.1	结构秒认：小鹏 X9 自动泊车辅助系统组成	176
6.2.2	原理秒懂：小鹏 X9 汽车 360°全景影像	176
6.2.3	故障速诊：问界 M7 增程版全景自动泊车系统故障诊断	177
6.2.4	故障速诊：问界 M7 增程版多功能摄像头故障诊断	178
6.2.5	案例精解：云度 πPro 全景影像系统无法使用故障排除	179

第 7 章 智能座舱系统　　182

7.1 信息娱乐系统 182

7.1.1	原理秒懂：车机系统功能介绍	182
7.1.2	结构秒认：零跑 C01 智能车机系统	184
7.1.3	原理秒懂：零跑 C01 智能车机系统	184
7.1.4	原理秒懂：小鹏 G3I 车载总线系统功能	185
7.1.5	部件快拆：理想 ONE 车机拆装步骤	188
7.1.6	电路快检：比亚迪唐 DM 总线检修	190
7.1.7	案例精解：比亚迪 e6 总线故障排除	192

7.2 安全舒适系统 193

7.2.1	结构秒认：问界 M5 纯电版进入控制系统（PEPS）	193
7.2.2	原理秒懂：问界 M5 纯电版进入及防盗系统	193
7.2.3	结构秒认：吉利帝豪 L Hi·X 安全气囊系统组成	194
7.2.4	原理秒懂：吉利帝豪 L Hi·X 安全气囊系统原理	194
7.2.5	设置技巧：问界 M5 纯电版钥匙匹配方法	195
7.2.6	故障速诊：吉利帝豪 L Hi·X 安全气囊系统故障诊断	196
7.2.7	案例精解：长城欧拉白猫气囊控制器故障致车门频繁解锁	196
7.2.8	案例精解：吉利帝豪 EV300 无钥匙进入系统故障排除	198

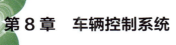

第 8 章 车辆控制系统　　// 200

8.1 整车控制器（VCU）……………………………………………… 200
8.1.1 原理秒懂：新能源汽车 VCU 系统功能…………………………… 200
8.1.2 结构秒认：零跑 C01 整车控制器系统组成……………………… 201
8.1.3 原理秒懂：零跑 C01 整车控制器功能…………………………… 202
8.1.4 电路快检：小鹏 P7 纯电 VCU 端子检测………………………… 203
8.1.5 故障速诊：新能源汽车 VCU 故障诊断…………………………… 205
8.1.6 故障速诊：北汽新能源 EU5 网约版 VCU 故障诊断……………… 207
8.1.7 案例精解：比亚迪唐 DM 无法上 OK 电故障排除………………… 207
8.2 车身控制器（BCM）……………………………………………… 208
8.2.1 原理秒懂：荣威 Marvel X 车型 BCM 系统功能………………… 208
8.2.2 原理秒懂：零跑 C01 车身控制系统……………………………… 209
8.2.3 故障速诊：北汽新能源 EU7 车身控制器故障诊断……………… 210
8.2.4 案例精解：比亚迪 e1 车身控制器故障…………………………… 210
8.2.5 案例精解：比亚迪海豹锁车后外后视镜不折叠故障……………… 211

第 1 章

动力电池

1.1 动力电池包（HVB）

1.1.1 原理秒懂：三元锂电池结构与原理

三元锂电池的正极材料通常使用镍钴锰酸锂（LiNiCoMnO$_2$）或镍钴铝酸锂（LiNiCoAlO$_2$），这些材料提供了高能量密度和较好的安全性。在充放电过程中，锂离子处于从正极→负极→正极的运动状态，形象地说，锂离子电池就像一把摇椅，摇椅的两端为电池的两极，而锂离子就像在摇椅两端来回奔跑的运动健将。

三元锂电池的工作原理主要依靠锂离子在正极和负极之间的移动来工作，如图1-1所示。充电过程中，锂离子从正极材料中脱出，经过电解质传递到负极，并嵌入负极材料的碳层中。同时，从正极释放电子，通过外电路达到负极，以维持化学平衡。放电过程则是锂离子从负极脱出，经过电解质回到正极，同时负极释放电子，通过外电路达到正极，从而产生电流提供能量。

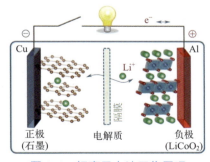

图 1-1　锂离子电池工作原理

1.1.2 原理秒懂：磷酸铁锂电池结构与原理

磷酸铁锂电池全名是磷酸铁锂锂离子电池。由于其性能特别适于作动力方面的应用，故多称为磷酸铁锂动力电池，有时也称为"锂铁（LiFe）动力电池"。磷酸铁锂动力电池是用磷酸铁锂（LiFePO₄）材料作电池正极的锂离子电池，它是锂离子电池家族的新成员。目前用作锂离子电池的正极材料主要有 $LiCoO_2$、$LiMn_2O_4$、$LiNiO_2$ 及 $LiFePO_4$。这些组成电池正极材料的金属元素中，钴（Co）最贵，并且存储量不多，镍（Ni）、锰（Mn）较便宜，而铁（Fe）最便宜。

$LiFePO_4$ 电池的内部结构如图 1-2 所示。左边橄榄石结构的 $LiFePO_4$ 作为电池的正极，通过铝箔与电池正极连接，中间是聚合物的隔膜，它把正极与负极隔开，但锂离子（Li^+）可以通过而电子（e^-）不能通过；右边是由碳（石墨）组成的电池负极，通过铜箔与电池的负极连接。电池的上下端之间是电池的电解质，电池由金属外壳密闭封装。$LiFePO_4$ 电池在充电时，正极中的锂离子（Li^+）通过聚合物隔膜向负极迁移；在放电过程中，负极中的锂离子（Li^+）通过隔膜向正极迁移。锂离子电池就是因锂离子在充放电时来回迁移而命名的。

比亚迪制造的大部分电动汽车，以及多数国产低端电动车型配载的一般都是磷酸铁锂电池。以比亚迪汉 EV 车型为例，该车型装载的是比亚迪最新研发的磷酸铁锂"刀片电池"，电池系统能量密度为 140W·h/kg。汉 EV 分为单电机和双电机版本，其中单电机车型最大功率 222PS（1PS 约为 0.7355kW），峰值扭矩 330Nm，整备质量 2020kg，NEDC 综合续驶 605km；双电机车型搭载的是最大功率 222PS 前驱动电机和 272PS 的后驱动电机，整备质量 2170kg，NEDC 综合续驶 550km。

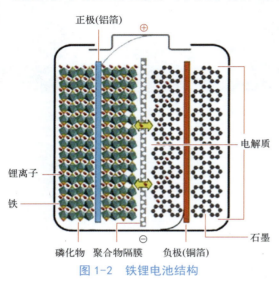

图 1-2 铁锂电池结构

1.1.3 结构秒认：动力电池封装形式

动力电池单体的封装形式常见有圆柱体、方形金属壳（硬包）、方形铝塑（软包）等，如图 1-3 所示（封底二维码提供相关参考视频）。

(a) 圆柱体　　(b) 金属硬包　　(c) 铝塑软包

图 1-3 锂电池封装形式

以吉利星越 PHEV 车型为例，动力电池总成安装于乘员舱下部，成 T 字形排布，如图 1-4 所示。

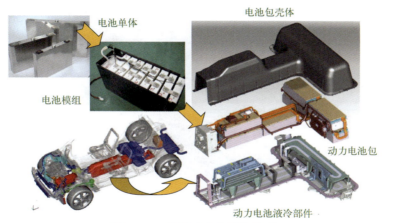

图 1-4　T 字形动力电池包总成

绝大部分纯电动汽车的电池包一般以长方形块状结构封装于汽车底盘部位，常见有三种安装形式：MTP、CTP、CTB/CTC。MTP 形式（图 1-5）由电芯（cell）组装成为模组（module），再把模组安装电池包（pack）里，形成了"电芯 - 模组 - 电池包"的三级装配模式。CTP 形式（图 1-6）将电芯直接集成为电池包，从而省去了中间模组环节，目前 CTP 有两种技术路线，一是采用完全无模组方式，二是以大模组替代小模组的方式。CTB 车身电池一体化技术（图 1-7），类似车身底板加电芯加托盘的"三明治"形式；CTC 电池底盘一体化技术（图 1-8），取消了电池包上盖板或座舱地板，从而进一步简化车身线缆和结构件。

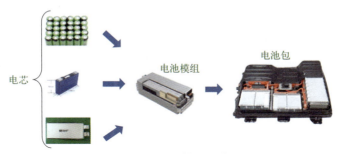

图 1-5　传统电池包封装形式（MTP）

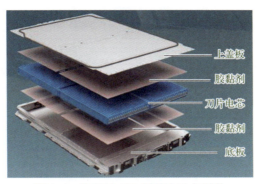

图 1-6　比亚迪 CTP 封装电池包结构

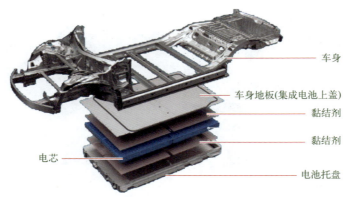

图 1-7 比亚迪 CTB 封装电池包结构

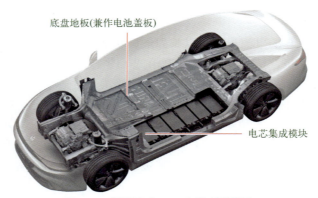

图 1-8 零跑汽车 CTC 电池封装形态

1.1.4 部件快拆：小鹏 P7 动力电池包拆装

以小鹏 P7 电动汽车为例，动力电池包紧固件力矩参数如表 1-1 所示。

表 1-1 小鹏 P7 动力电池包紧固件力矩参数

紧固位置	规格	拧紧力矩 /Nm
锁紧电池包至车身两侧螺栓	六角法兰面螺栓 M10×50	70
预紧并锁紧电池包中部螺栓至车身	六角法兰面螺栓 M10×125	70
紧固等电位铜排总成至车身及电池包	六角法兰面自排屑搭铁螺栓 M6×16	10
	六角法兰面螺栓 M6×20	10
连接低压线束及高压线至电池包	六角法兰面螺栓 M5×16	5
安装检修口盖至车身后地板	六角法兰面螺母 M6	8
连接高压线束至电池包	六角法兰面螺母 M6	5
装配两驱前电池线束至车身	六角法兰面螺母 M6	6
装配四驱前电池线束至车身	六角法兰面螺母 M6	6

进行高压系统维修作业前，穿戴好绝缘保护设备，包括绝缘手套、绝缘鞋和面罩。电池包如果长时间处在炽热的环境中会导致性能下降。烤漆时，注意在70℃温度下不要超过30min，在80℃温度下不要超过20min。若因为电池包问题更换BMS或者更换电池包，更换后需要在BMS控制器中重新写入VIN信息。

拆装步骤如下。

❶ 关闭所有用电器，车辆下电。
❷ 断开蓄电池负极极夹。
❸ 拆卸手动维修开关。
❹ 排放冷却液。
❺ 拆卸前舱底部护板总成。
❻ 拆卸前舱底部护板电池包安装支架总成。
❼ 拆卸备胎池护板总成。
❽ 拆卸备胎池护板电池包安装支架总成。
❾ 拆卸左／右后轮导流板。
❿ 拆卸左／右侧裙板总成。
⓫ 拆卸电池包。

a. 旋出电池包高压线束固定螺母（箭头A），如图1-9所示。
b. 断开电池包高压线束连接插头（箭头B），螺母（箭头A）拧紧力矩：5Nm。
c. 脱开固定卡扣（箭头A），沿箭头B方向揭开后座椅下隔音垫总成1，如图1-10所示。

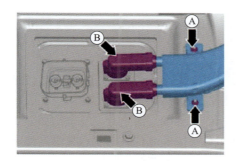
图1-9　断开高压线束插头

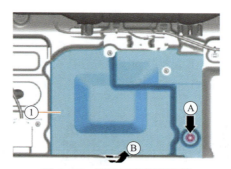
图1-10　揭开后座椅隔音垫

d. 旋出固定螺母（箭头），拆下检修口盖组件1，如图1-11所示。螺母拧紧力矩：8Nm。
e. 旋出固定螺栓（箭头A），拆下电池包高压接插件1，如图1-12所示。
f. 断开电池包低压连接插头（箭头B）、（箭头C），如图1-12所示。螺栓（箭头A）拧紧力矩：5Nm。
g. 松开固定卡箍（箭头A），脱开电池出水管1与电池包连接，如图1-13所示。
h. 松开固定卡箍（箭头B），脱开冷却器出水管2与电池包连接。

提示：拆卸水管前，将接收冷却液的容器放置电池出水管和冷却器出水管下面。

i. 旋出固定螺栓（箭头），取出等电位铜排总成1，如图1-14所示。螺栓拧紧力矩：10Nm。

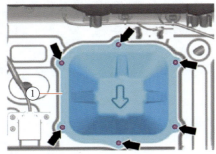

图 1-11 拆下检修口盖

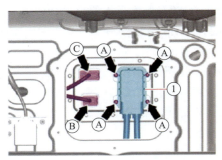

图 1-12 断开低压连接插头

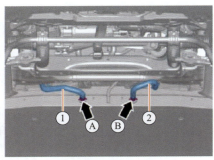

图 1-13 拆卸出水管

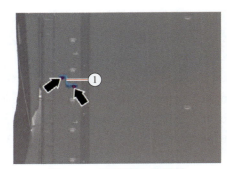

图 1-14 取出等电位铜排

j. 使用电池包拆装工具 1 支撑电池包 2，如图 1-15 所示。

k. 旋出电池包固定螺栓（箭头 A 和箭头 B），如图 1-15 所示。

l. 调节电池包拆装工具 1 缓慢地放下电池包 2，如图 1-15 所示。螺栓（箭头 A 与箭头 B）拧紧力矩：70Nm。

注意车下操作，穿戴好安全鞋、安全帽和手套。使用电池包拆装工具支撑电池包时，注意观察电池包是否支撑稳定。电池包移出整车时，严禁接近升降车，防止侧滑掉落伤人。

⑫ 安装程序以倒序进行，同时注意下列事项。

- 按规定力矩紧固电池包固定螺栓。
- 安装完成后，加注冷却液。
- 如更换电池包，用诊断仪进行"BMS 整包更换"。

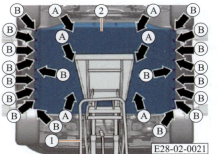

图 1-15 拆下电池包

- 如只是更换了 BMS 模块，则用诊断仪进行"模块更换"。
- 在使用诊断仪做"模块更换"操作结束时，诊断仪会报写入值与读取值不一样的故障提示，此提示可忽略。
- 如果"模块更换"操作失败，则需要进入 BMS "标识"，把所有旧数据读取并记录，在 BMS 的"参数写入"中逐一写入，再在 VCU 的"参数写入"操作写入。

1.1.5 部件快拆：江淮 IEV6/IEV7 电池包模组拆解

以江淮新能源 IEV6、IEV7 车型为例进行电池包模组拆解，其动力电池模组分由左前、右前及后部三个模块组成，如图 1-16 所示。

❶ 拆卸 BDU 上壳体，拆卸连接左前模组总成与 BDU 输出铜条和高压护盖，见图 1-17。

提示： 为了防止被电击，立即使用绝缘胶带包裹好断开连接的高压连接端子。

图 1-16　动力电池模组组成模块

图 1-17　拆卸 BDU 上壳体与高压护盖

❷ 移除中央风道海绵条，移除左风道盖板塑料卡钉，拆卸左风道盖板，见图 1-18。

❸ 拆卸左前模组总成与后部模组总成间软连接，见图 1-19。

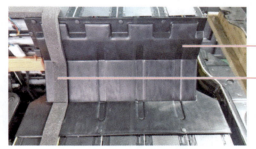

图 1-18　移除海绵条与风道盖板

图 1-19　拆卸软连接件（1）

❹ 拔出 LBC 低压线束接插件，拆卸线束固定盖板，分别移除低压线束及其线束固定下盖，如图 1-20 所示。

❺ 拔出模组前部分低压线束接插件（连接器），拆卸左前模组总成固定螺母，见图 1-21。

❻ 拆卸左前模组总成侧压钣金固定螺栓，见图 1-22。

❼ 移除左前模组总成，将左前模组总成放置在绝缘的工作台上。

❽ 拆下后部模组总成的风道盖板，见图 1-23。

❾ 拔出后部模组总成低压线束接插件，见图 1-24。移除后部模组总成低压主线束固定卡口，移除低压主线束。

图 1-20　拆卸线束固定盖板

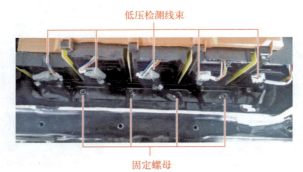

图 1-21　取出低压检测线束连接端子

图 1-22　拆卸固定螺栓

图 1-23　拆下后部模组总成风道盖板

⑩ 分别拆除左、右前模组总成与后部模组总成间高压护盖及软连接，见图 1-25。

⑪ 拆卸后部模组总成与维修开关间软连接高压护盖，移除软连接。拆卸维修开关支架固定螺栓，移除维修开关软连接支架，见图 1-26。

⑫ 分别拆卸后部模组总成固定件与下壳体总成固定螺栓，如图 1-27 所示。

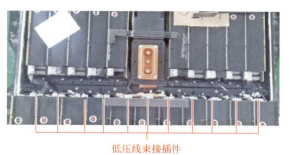

图 1-24 拔出低压线束接插件

图 1-25 拆卸软连接件（2）

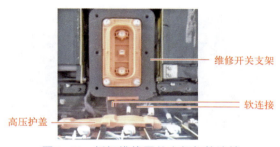

图 1-26 拆卸维修开关支架与软连接

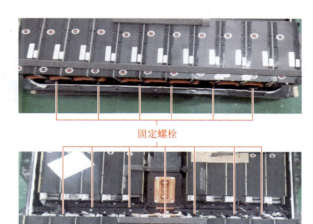

图 1-27 拆卸壳体固定螺栓

⑬ 移出后部模组总成，并放置于绝缘的工作台上。

> **拆装作业警示**
>
> 在所有拆卸过程中，应确保穿戴好防护用品；不得有裸露在外的高压连接端子及高压软连接，应立即用绝缘胶带包裹好；即使使用防护设备触碰高压部件，仍有可能会被电击。

1.1.6 部件快换：比亚迪秦 DM 电池包模组更换

下面以比亚迪秦 PHEV 车型为例，讲解其动力电池模组的更换步骤及方法。

❶ 如图 1-28 所示，拉动维修开关手柄呈竖直状，拔去维修开关，维修开关拔出时需佩戴高压绝缘手套。

❷ 拔出蓄电池负极，见图 1-29。

图 1-28 取出维修开关

图 1-29 拔出蓄电池负极

❸ 拆除动力电池包前、后盖板，见图 1-30。

图 1-30 拆除电池包前后盖板

❹ 拆去前、后部动力电池包串联线，见图 1-31。注意：需佩戴绝缘手套。

❺ 拔下 BIC 采样线接插件，见图 1-32。

❻ 拆除 BIC 采样线固定板，见图 1-33。

❼ 拆去模组固定螺栓，见图 1-34。

图 1-31　拆除电池包串联线

图 1-32　拔下采样线接插件　　　　图 1-33　拆除采样线固定板

❽ 取出模组，见图 1-35。注意：戴好绝缘手套，小心取出模组，避免挤压、碰撞。

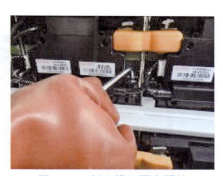 

图 1-34　拆下模组固定螺栓　　　　图 1-35　取出电池模组

❾ 搭接动力电池包特定的串联线，将其中模组的负极与另一个模组的正极连起来（图 1-36 为取下两个模组的搭接情况，图 1-37 为取出一个模组后将串联线从其中穿过将隔壁两个模组正负极搭接的方式）。

注意： 戴好绝缘手套且务必将串联线打紧。

拆卸注意事项如下。

❶ 拆卸时一定要保证整车退至 OFF 挡且维修开关处于断开状态。维修开关拔出和恢复时一定要佩戴绝缘手套。

❷ 拆卸动力电池包前后部串联线及取出模组时一定要佩戴绝缘手套。

❸ 拆卸动力电池包前后串联线时一定不要两人同时操作，只能由一人单独完成！恢复过程也只能由一人单独完成。

❹ 必须先将故障模组拆除，显示连接好之后才能用诊断仪请求进入维修模式。在 ON 挡电请求完进入维修模式后直接插枪充电，若退电则管理器复位，还需重新请求。

❺ 维修模式下只能进行车载充电，若进行其他操作可能会有风险。

❻ 拆除模组的采集器必须串联在线束上（即连接通信接插件）。

图 1-36 取下两个模组的搭接方式

图 1-37 取出一个模组的搭接方式

1.1.7 设置技巧：比亚迪秦 DM 动力电池维修模式充电设置

❶ 整车上 ON 挡电。
❷ 连接诊断仪，进入动力电池管理器，见图 1-38。
❸ 选取"9"进入维修模式设置，见图 1-39。

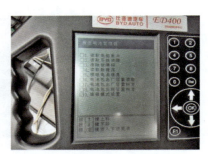

图 1-38 进入动力电池管理器

图 1-39 进入维修模式设置

❹ 退出重新进入当前工作模式查询，若显示已在维修模式，则现在可以插枪车载充电。
❺ 车载充电完成后重新进入诊断仪，选择退出维修模式，见图 1-40。

注意： 充满之后一定要记得退出维修模式。

图 1-40 退出维修模式

1.1.8 电路快检:比亚迪动力电池包漏电检测方法

❶ 准备所需工具。
a. 万用表,需内阻 10MΩ、精度三位半(含)以上。
b. 100kΩ 以上电阻(推荐 1MΩ)。
c. 比亚迪 E80060 放电设备。

❷ 将车辆断电。
a. 车辆电源退电至 OFF 挡静置 5min。
b. 断开低压蓄电池负极。
c. 断开动力电池正负极母线。

❸ 使用比亚迪 E80060 放电设备给电池包低压供电。

❹ 测量动力电池输出母线正极端子对托盘电压 V 正,如图 1-41(a)所示。

❺ 测量动力电池输出母线负极端子对托盘电压 V 负;如图 1-41(b)所示。

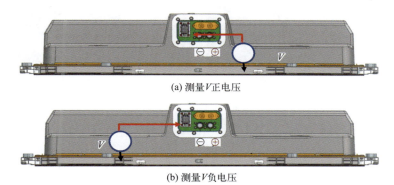

(a) 测量 V 正电压

(b) 测量 V 负电压

图 1-41 测量电压

❻ 比较 V 正和 V 负,选择电压绝对值大的进行下一步;电压高的极柱对地电压记录为 V_1,电压低的对地极柱电压记录为 V_0。(例如 V 正 > V 负)

❼ 在万用表正负表笔之间连接电阻 R(100kΩ 以上电阻,推荐 1MΩ)重测 V_1,测得结果记录为 V_2,如图 1-42 所示。

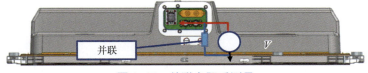

图 1-42 并联电阻后测量

❽ 按照以下公式计算。

不漏电 $\dfrac{\dfrac{V_1 - V_2}{V_2} \times R \times \left(1 + \dfrac{V_0}{V_1}\right)}{\text{电池包最大工作电压}} > 500\Omega/V$

漏电 $\dfrac{\dfrac{V_1 - V_2}{V_2} \times R \times \left(1 + \dfrac{V_0}{V_1}\right)}{\text{电池包最大工作电压}} \leqslant 500\Omega/V$

电池包最大工作电压 = 车辆铭牌上动力电池系统额定电压 ×1.15。

❾ 测试示例如图 1-43 所示。

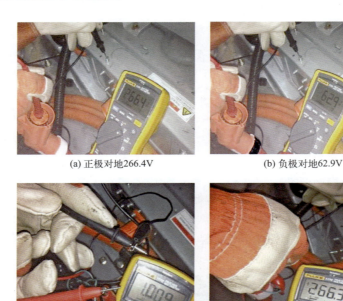

(a) 正极对地266.4V　　(b) 负极对地62.9V

(c) 并联电阻1.009MΩ　　(d) 并联电阻后正极对地266.3V

图 1-43　测试示例

(266.4−266.3)÷266.3×1009000×(1+62.9÷266.4)÷(330×1.15)=1.234Ω/V＜500Ω/V（漏电）

1.1.9　电路快检：比亚迪汉 EV 动力电池包检测

汉 EV 车型 BIC 通信、BMS 通信、充电异常、互锁异常等故障，低压插接件端子测量参数如表 1-2 所示。

表 1-2　低压接插件端子检测参数

端子	端口名称	测量工况	正常值
4	12V 常电	任何挡位	9～16V
5	IG3 电源	ON 挡	9～16V
8	直流充电 CANL	直流充电	1.5～2.5V
9	直流充电 CAN 屏蔽地	始终	小于 1V
10	动力网 CANL	ON 挡	1.5～2.5V
11	动力网 CAN 屏蔽地	始终	小于 1V
12	直流充电正 / 负极接触器电源（IG3）	ON 挡	9～16V

续表

端子	端口名称	测量工况	正常值
13	高压互锁输入 1	ON 挡	PWM 脉冲信号
14	直流充电口温度 1+	ON 挡	0.5 ～ 200kΩ
15	直流充电 CANH	直流充电	2.5 ～ 3.5V
16	IG3 电 GND	始终	小于 1V
17	动力网 CANH	ON 挡	2.5 ～ 3.5V
18	高压互锁输出 1	ON 挡	PWM 脉冲信号
19	（VTOV）接触器控制	直流 VTOV 放电	断开状态：9 ～ 16V；吸合状态：小于 1V
20	直流充电口温度 2+	ON 挡	0.5 ～ 200kΩ
21	直流充电口温度 1-/2-	配合引脚 14、20 测试	
22	碰撞信号	ON 挡	PWM 脉冲信号
23	12V 常电 GND	始终	小于 1V
24	直流充电正极接触器控制	直流充电	断开状态：9 ～ 16V；吸合状态：小于 1V
25	CC 信号	交流充电	小于 2.9V
26	直流充电辅助电源唤醒 A+	直流充电	9 ～ 16V
29	IG3 电源	ON 挡	9 ～ 16V
31	直流充电负极接触器控制	直流充电	断开状态：9 ～ 16V；吸合状态：小于 1V
32	CC2 信号	直流充电	2.1 ～ 3.0V

1.1.10 案例精解：比亚迪唐 DM 动力电池包故障

● **故障现象**：比亚迪唐车辆无 EV 模式。组合仪表提示请检查动力系统。仪表提示如图 1-44 所示。

图 1-44 请检查动力系统的仪表提示

维修过程：

❶ 用 VDS1000 读取发现 BMS 电池管理系统内有故障码 P1A2000—BIC1 温度采样异常故障；故障码 P1A5000—电池管理系统自检故障；故障码 P1A9500—因采样系统故障导致充放电功率为 0。初步怀疑是动力电池内部故障，见图 1-45。

图 1-45　系统故障码信息

❷ VDS1000 读取的 BMS 系统数据流，如图 1-46～图 1-48 所示。

图 1-46　数据流信息 1

图 1-47　数据流信息 2

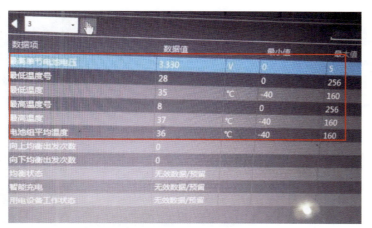

图 1-48 数据流信息 3

❸ VDS1000 读取的 BMS 系统模组信息数据流，如图 1-49～图 1-53 所示。

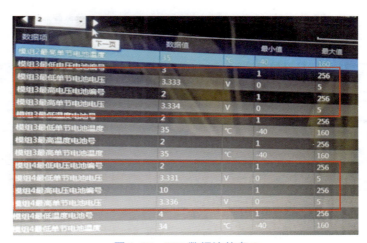

图 1-49 BMS 数据流信息 1

图 1-50 BMS 数据流信息 2

图 1-51　BMS 数据流信息 3

图 1-52　BMS 数据流信息 4

图 1-53　BMS 数据流信息 5

通过 VDS1000 读出的 BMS 系统和电池包各模组的数据流信息并没发现数据异常。

❹ 用上位机检查发现第 138 节单节电压约为 2.1V，第 139 节单节电压约为 4.5V，相差

很大。由此确认为动力电池包内部故障。

> **故障排除：**更换动力电池包总成处理。

1.1.11 案例精解：比亚迪唐 DM 动力电池包采样线故障

> **故障现象：**车辆 SOC 78%，无 EV 模式。仪表报"请检查动力系统"，BMS 故障码 P1A3D00：负极接触器回检故障，见图 1-54、图 1-55。

图 1-54　仪表提示

图 1-55　故障码信息读取

> **维修过程：**

❶ 因车辆动力系统故障，出现 BMS 故障码 P1A3D00：负极接触器回检故障。首先对 BMS 负极接触器电源、控制电路进行检查。

❷ 检查 BMS 负极接触器 F 脚电源供给正常（k161 母端）。

❸ 进一步排查发现动力电池采线端子（k161 公端）F 脚出现退针现象，见图 1-56。

> **故障排除：**更换动力电池包（没有分件前更换总成处理）。

图 1-56　连接端子针脚故障

1.1.12 案例精解：北汽新能源 EX360 动力电池续航下降故障排除

> **故障现象：**一辆行驶里程约 3 万公里的北汽 EX360 纯电汽车。该车辆充电完成后，负荷状态（SOC）为 100%，续驶里程为 271km，未出现故障时为 318km。

> **维修过程：**

❶ 电动车剩余续驶里程根据动力电池可用容量进行计算，当出现上述现象时，是 SOC 为 100% 时可用容量未达到满电容量导致。

❷ 检查动力电池组无故障码。

❸ 连接专用检测仪检查数据流，未发现明显故障现象，如图 1-57 所示。

❹ 拆卸高压蓄电池，如图 1-58 所示，用专用工具软件检查动力电池组压差情况。

北汽新能源>>车辆选择 >> EX360 >> 系统选择 >> 动力电池系统(BMS) >> 数据流

名称	当前值	单位
动力电池内部总电压	359.02	V
动力电池充放电电流	0.60	A
动力电池外部总电压	359.33	V
动力电池负载端总电压	359.88	V
整车STATE状态	30	
直流母线电压	362.00	V
KL15	14	V
KL30	14	V
BCU自增计数器	3	
动力电池负端继电器当前状态	连接	
动力电池正端继电器当前状态	连接	
动力电池预充继电器当前状态	断开	
动力电池充电请求	初始值	
正极对地绝缘电阻	4000	KΩ
负极对地绝缘电阻	4000	KΩ
动力电池允许最大充电电流(慢充)	0.00	A

图 1-57　查看 BMS 数据流信息

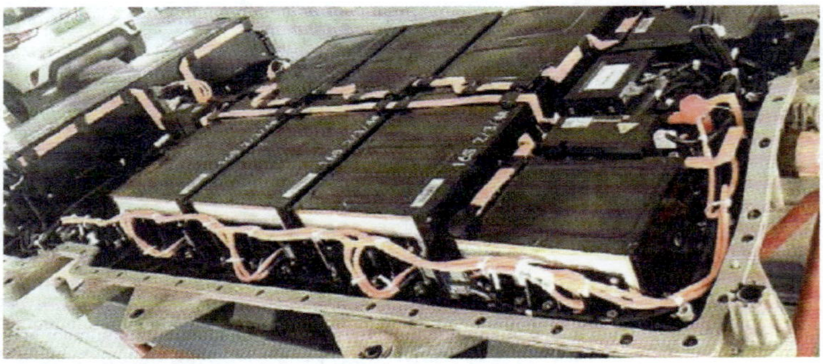

图 1-58　拆解后的动力电池包

⑤ 连接电池专用诊断软件，查找电池组压差情况，如图 1-59 所示，模组 3（黑色方框区域）为掉压电池组，需补电。

	cell1	cell2	cell3	cell4	cell5	cell6	cell7	cell8	cell9	cell10	cell11	cell12	SUM	MAX	NO.	MIN	NO.
模组 1	4.1205	4.1205	4.1205	4.122	4.122	4.119	4.1205	65535	4.122	4.1235	4.1205	4.122	44.734	4.1235	10	4.119	6
模组 2	4.1205	4.122	4.122	4.122	4.1235	4.122	4.1205	4.1235	4.122	4.1235	4.122	4.1205	49.078	4.1235	10	4.1205	12
模组 3	4.122	4.1175	4.1205	4.023	4.119	4.1205	4.1235	4.1205	65535	65535	65535	65535	32.437	4.1235	7	4.023	4
模组 4	4.122	4.1205	4.122	4.122	4.1235	4.1235	4.1235	4.1235	65535	65535	65535	65535	32.656	4.1235	8	4.1205	2
模组 5	4.1175	4.116	4.1175	4.119	4.116	4.119	4.119	4.1175	65535	65535	65535	65535	32.593	4.119	7	4.116	5
模组 6	4.1205	4.1175	4.1205	4.119	4.122	4.119	4.122	4.1205	65535	65535	65535	65535	32.515	4.122	7	4.1175	2
模组 7	4.1145	4.113	4.1175	4.116	4.1175	4.1145	4.116	4.1145	65535	65535	65535	65535	32.437	4.1175	5	4.113	2
模组 8	4.1205	4.1205	4.1205	4.119	4.1205	4.122	4.122	4.122	65535	65535	65535	65535	32.515	4.122	8	4.119	4
模组 9	4.122	4.1235	4.119	4.1205	4.1175	4.122	4.1205	4.119	4.122	4.122	65535	65535	40.687	4.1235	2	4.1175	5
模组 10	4.122	4.1175	4.119	4.119	4.1205	4.119	4.1205	4.122	4.1235	4.1235	65535	65535	40.609	4.1235	10	4.1175	2
模组 11	65535	65535	65535	65535	65535	65535	65535	65535	65535	65535	65535	65535	65535	65535	0	65535	0
模组 12	65535	65535	65535	65535	65535	65535	65535	65535	65535	65535	65535	65535	65535	65535	0	65535	0
模组 13	65535	65535	65535	65535	65535	65535	65535	65535	65535	65535	65535	65535	65535	65535	0	65535	0
模组 14	65535	65535	65535	65535	65535	65535	65535	65535	65535	65535	65535	65535	65535	65535	0	65535	0

图 1-59　查找电池组压差情况

⑥ 连接充电器，在子控制器中找到模组 3 号接线，直接补电，电流为 0.8A，连续补电 10 ～ 12h，电压充到 4.9V，如图 1-60 所示。

⑦ 完成充电作业，安装蓄电池盖后检查气密性，如图 1-61 所示，加压 4kPa，保压时间 30s，查看有无泄漏现象。

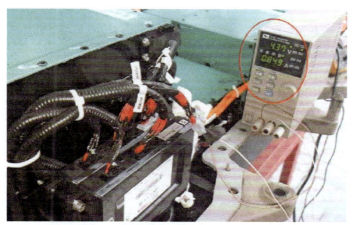

图 1-60 进行单个电池组充电修复

图 1-61 检查电池包气密性

⑧ 动力电池包装车后，充满电，此车仪表显示续驶里程为 318km，故障排除。

▶ **故障排除：** 对动力电池包中掉压电池组进行充电修复。

1.2 电池管理系统（BMS）

1.2.1 原理秒懂：北汽新能源电动车 BMS 功能

电池管理系统英文全称为 battery management system（BMS）。BMS 实体模块如图 1-62 所示。

BMS 作用：BMS 是电池保护和管理的核心部件，在动力电池系统中，它的作用相当于人的大脑。它不仅要保证电池安全可靠的使用，而且要充分发挥电池的能力和延长使用寿命，作为电池和整车控制器以及驾驶者沟通的桥梁，通过控制接触器控制动力电池组的充放电，并向整车控制器（VCU）上报动力电池系统的基本参数及故障信息。

BMS 功能：通过电压、电流及温度检测等功能实现对动力电池系统的过压、欠压、过流、过高温和过低温保护，继电器控制，SOC 估算，充放电管理，均衡控制，故障报警及处理，与其他控制器通信功能等功能；此外电池管理系统还具有高压回路绝缘检测功能，以及为动力电池系统加热功能。

BMS 组成：按性质可分为硬件和软件，按功能分为数据采集单元和控制单元。

BMS 硬件：主板、从板及高压盒，还包括采集电压线、电流、温度等数据的电子器件。

BMS 软件：监测电池的电压、电流、SOC 值、绝缘电阻值、温度值，通过与 VCU、充电机的通信，来控制动力电池系统的充放电。

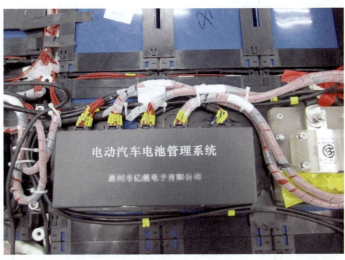

图 1-62　BMS 模块实体（北汽 E150EV）

1.2.2　原理秒懂：小鹏 G3I 电动车 BMS 功能

小鹏 G3I 电池管理系统采用一体式 BMS，部件安装于动力电池包中，如图 1-63 所示。电池管理系统的功能包括：电压、电流、温度采样，SOC 估算，绝缘状态监测，通信等。

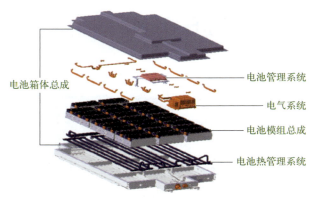

图 1-63　电池管理系统安装位置

电池管理系统原理方框图如图 1-64 所示，BMS 具有的各项功能如下。

❶ 剩余容量估算：估算电池剩余容量。

❷ 剩余能量估算：估算电池剩余能量。

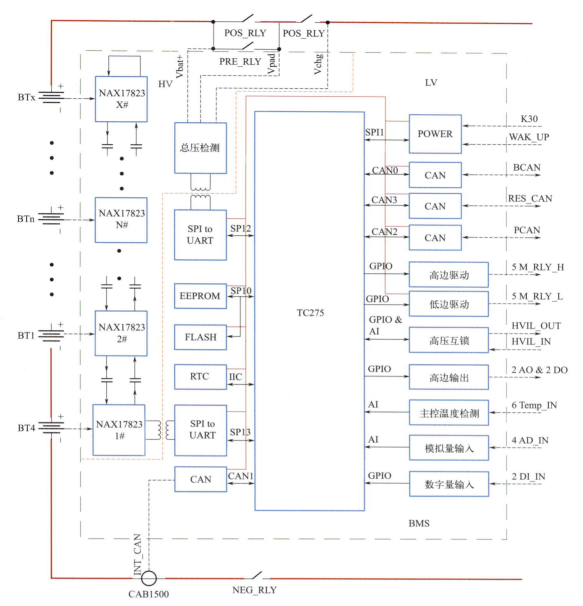

图 1-64 电池管理系统原理框图

❸ SOE 估算：估算电池剩余电量。
❹ SOC 估算：估算电池电荷状态。
❺ SOH 寿命估算：估算电池健康状态。
❻ 可用功率计算：计算电池可用功率。
❼ 充电管理：对电池充电过程进行管理。
❽ 高压管理：控制高压输出。
❾ 低压管理：控制电池管理系统唤醒与休眠。
❿ 高压互锁检测：检测电池系统高压互锁状态。
⓫ 通信功能：带三路 CAN 通信功能。

⑫ 绝缘测量：测量电池绝缘阻值及绝缘状态。
⑬ 故障诊断：对故障进行诊断并处理。
⑭ 单体电压采集：测量每一串电池电压。
⑮ 温度采集：对每个模组的温度进行测量。
⑯ 被动均衡功能：可对电芯电压进行均衡。

1.2.3 电路快检：唐 DM 插电混动 BMS 检测

以 2018 款全新一代唐 DM 车型为例。本车采用分布式电池管理系统，由 1 个电池管理控制器（BMC）、1 个通信转换模块、5 个级联的电池信息采集器（BIC）及相关采样通信线束组成。电池管理控制器的主要功能为充放电管理、接触器控制、功率控制、电池异常状态报警和保护、SOC/SOH 计算、自检以及通信功能等；通信转换模块和电池信息采集器的主要功能为电池电压采样、电池温度采样、电池均衡、采样线异常检测等。

电池管理控制器安装于副仪表台配电箱下方的地板上。控制器连接端子如图 1-65 所示。

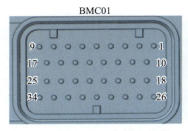

图 1-65　全新一代唐 PHEV 电池管理器端子

BMS 端子数值检测步骤如下。
❶ 断开动力电池管理器连接器。
❷ 测量线束端输入电压。
❸ 接回电池管理器连接器。
❹ 测量各端子值。
端子正常值如表 1-3 所示。

表 1-3　比亚迪全新一代唐 DM 电池管理器端子检测值

连接端子	端子描述	条件	正常值
K156-01	电池子网 CANH	ON 挡 /OK 挡 / 充电	2.5～3.5V
K156-02	电池子网 CAN 屏蔽地	始终	小于 1V
K156-03	通信转换模块供电 +12V	ON 挡 /OK 挡 / 充电	9～16V
K156-07	负极接触器供电	ON 挡 /OK 挡 / 充电	9～16V
K156-08	充电仪表指示灯	车载充电时	小于 1V
K156-09	分压接触器 1 拉低控制	分压接触器 1 吸合时	小于 1V

续表

连接端子	端子描述	条件	正常值
K156-10	电池子网 CANL	ON 挡/OK 挡/充电	1.5～2.5V
K156-11	通信转换模块供电 GND	始终	小于 1V
K156-12	9～16 采集器供电 GND（铁电池）	始终	小于 1V
K156-15	分压接触器 1 供电	ON 挡/OK 挡/充电	9～16V
K156-16	主接触器、预充接触器供电	ON 挡/OK 挡/充电	9～16V
~~K156-17~~			
K156-18	电流霍尔 -15V	ON 挡/OK 挡/充电	-16～-9V
K156-19	霍尔传感器屏蔽地	始终	小于 1V
K156-21	预充接触器拉低控制	预充过程中	小于 1V
K156-22	主接触器拉低控制	主接触器吸合时	小于 1V
K156-26	电流霍尔信号	ON 挡	0～4.2V
K156-27	电流霍尔 +15V	ON 挡/OK 挡/充电	9～16V
K156-28	12V 常电	ON 挡/OK 挡/充电	9～16V
K156-29	负极接触器拉低控制	负极接触器吸合时	小于 1V
K157-01	BMC 供电 12V	ON 挡/OK 挡/充电	9～16V
K157-02	车身地	始终	小于 1V
K157-03	碰撞信号	启动	约 -15V
K157-04	PWM 输出 1	ON 挡/OK 挡/充电	PWM 脉冲信号
K157-05	PWM 输入 1	ON 挡/OK 挡/充电	PWM 脉冲信号
K157-08	BMC 供电 12V	电源 ON 挡/充电	11～14V
K157-09	动力网 CAN 终端电阻并入 1	ON 挡/OK 挡/充电	1.5～3.5V
K157-11	PWM 输入 2	始终	低电平信号
K157-14	动力网 CAN 终端电阻并入 2	ON 挡/OK 挡/充电	1.5～3.5V
K157-16	动力网 CANH	ON 挡/OK 挡/充电	2.5～3.5V
K157-17	动力网 CANL	ON 挡/OK 挡/充电	1.5～2.5V
K157-20	车载充电感应信号	车载充电时	小于 1V
K157-21	车身地	始终	小于 1V
K157-22	充电连接信号	充电	小于 1V
K157-23	动力网屏蔽地	始终	小于 1V

　　动力电池管理系统（BMS）常见故障类型包括 CAN 系统通信故障、BMS 未正常工作、电压采集异常、温度采集异常、绝缘故障、内外总电压测量故障、预充电故障、无法充电、电流显示异常故障、高压互锁故障等。

1.2.4 故障速诊：问界 M9 增程版动力电池故障诊断

以赛力斯问界 M9 增程式电动汽车为例，该车动力电池系统诊断可扫码（见封底说明）参阅拓展案例相关信息。

当电池管理系统不工作，或诊断仪无法进入电池管理系统时，进行以下步骤排除故障。

❶ 整车断电，静置 5min。

❷ 确认线束及接插件无老化、开裂、松脱、烧蚀、脏污等现象。

❸ 确认检查结果是否正常。是，进入下一步，否则更换或维修线束。

❹ 测量蓄电池正极与负极之间的电压值。电压标准值 8.5～16.5V，确认电压是否符合标准值。是，进入下一步，否则对蓄电池进行充电测试，并检修充电系统。

❺ 检查保险丝 BF28（7.5A）、BF18（10A）、LF53（10A）。确认保险丝 BF28（7.5A）、BF18（10A）、LF53（10A）是否正常。正常，进入下一步，否则更换保险丝。

❻ 断开电池管理系统接插件 CC34。整车上电。测量 CC34 端子 8、1、28、25 与接地之间的电压值，如图 1-66 所示。电压标准值 8.5～16.5V，确认电压是否符合标准值。是，进入下一步，否则更换或维修线束。

❼ 整车断电，静置 5min。断开区域控制器（左）接插件 CC16。断开电池管理系统接插件 CC34。测量 CC16 端子 20 与 CC34 端子 25 之间的电阻值，如图 1-67 所示。电阻标准值小于 1Ω，确认电阻是否符合标准值。是，进入下一步，否则维修电路中出现开路 / 电阻过大故障。

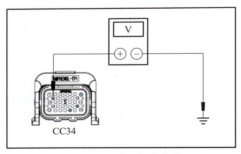

图 1-66　测量供电电压

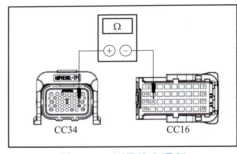

图 1-67　测量线束通断

❽ 测量 CC16 端子 20 与接地之间的电阻值。电阻标准值大于 1kΩ，确认电阻是否符合标准值。是，进入下一步，否则维修电路中的对地短路故障。

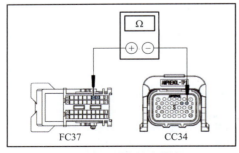

图 1-68　测量线束通断

❾ 测量 CC34 端子 29、7、19、32 对地之间的电阻值。电阻标准值小于 1Ω，确认电阻是否符合标准值。是，进入下一步，否则更换或维修线束。

❿ 断开电池管理系统控制器接插件 CC34。断开区域控制器（左）接插件 FC37。测量 CC34 端子 12 与 FC37 端子 33 之间的电阻值；测量 CC34 端子 13 与 FC37 端子 34 之间的电阻值，如图 1-68 所示。电阻标准值都小于 1Ω，确认电阻是否符合标准值。是，进入下一步，否则维修电路中的开路

故障。

⑪ 更换区域控制器（左）。整车上电。连接诊断仪，清除故障码，确认模块故障码是否依然存在。是，进入下一步，否则诊断结束，将车辆恢复原状。

⑫ 更换电池管理系统。整车上电。连接诊断仪，清除故障码，确认模块无重新设置故障码。诊断结束，将车辆恢复原状。

1.2.5 故障速诊：比亚迪电池管理系统常见故障处理方法

（1）CAN 通信故障

CAN 线或电源线脱落、端子退针都会导致通信故障。在保证 BMS 供电正常的状态下，将万用表调至直流电压挡，红表笔触碰内部 CANH，黑表笔触碰内部 CANL，测量通信线路的输出电压，即通信线路内部 CANH 与 CANL 之间的电压，正常电压值为 1.5V 左右，若电压值异常，则可判定为 BMS 硬件故障，需更换。

（2）BMS 未正常工作

当出现此现象时，可重点考虑以下几个方面。

❶ BMS 的供电电压：首先测量整车接插件处，整车给 BMS 的供电电压是否有稳定的输出。

❷ CAN 线或低压电源线连接不可靠：CAN 线或电源输出线连接不可靠会导致通信故障。应对主板到从板或高压板的通信线、电源线进行检查，发现脱落断开的线束，应进行更换或重新连接。

❸ 接插件退针或损坏：低压通信航空插头退针会导致从板无电源或从板数据无法传输到主板，应检查插头和接插件，发现退针或损坏的进行更换。

❹ 控制主板：换板进行监控，更换后故障解除则确定为主板有问题。

（3）电压采集异常

当出现电压采集异常现象时，重点考虑下列几种情况。

❶ 电池本身欠压：将监控电压值与万用表实际测量的电压值对比，确认后更换电池。

❷ 采集线端子紧固螺栓松动或采集线与端子接触不良：螺栓松动或端子接触不良会导致单体电压采集不准，此时轻摇采集端子，确认接触不良后，紧固或更换采集线。

❸ 采集线保险丝损坏：测量保险丝阻值，若在 1Ω 以上，需进行更换。

❹ 从板检测问题：确认采集电压与实际电压不一致，其他从板若采集电压与电池电压一致，则需要更换从板并收集现场数据，读取历史故障数据，进行分析。

（4）温度采集异常

出现温度采集异常现象时，重点考虑下列几种情况。

❶ 温度传感器失效：若单个温度数据缺失时，检查中间对接插头，若无连接异常，可确定为传感器损坏，更换即可。

❷ 温度传感器线束连接不可靠：检查中间对接插头或者控制口温度传感器线束，发现松动或者脱落，应更换线束。

❸ BMS 存在硬件故障：监测发现 BMS 无法采集整口温度，并确认从控制线束到转接头到温度传感器探头的线束导通正常，则可判定为 BMS 硬件问题，更换对应的从板。

❹更换从板后是否重新加载电源：在更换故障从板后要重新加载电源，否则监控值会显示异常。

（5）绝缘故障

动力电池管理系统中工作线束的接插件内芯与外壳短接、高压线破损与车体短接会导致绝缘故障，同时电压采集线破损与电池箱体短接，也会导致绝缘故障。针对此类情况，按下列方法分别分析诊断维修。

❶高压负载漏电：依次断开DC/DC、PCU、充电机、空调等，直到故障解除，然后对故障件进行更换。

❷高压线或连接器破损：使用兆欧表进行测量，检查确认后进行更换。

❸电池箱进水或电池漏液：对电池箱内部进行处理或更换电池。

❹电压采集线破损：确定电池箱内部漏电后检查采集线，若发现破损进行更换。

❺高压板检测误报：对高压板进行更换，更换后故障解除则确定为高压板检测故障。

（6）外部总电压检测故障

导致出现总电压检测故障的原因：采集线与端子间松动或脱落，导致总压采集故障；螺母松动导致打火和总压采集故障；高压连接器松动导致打火和总压检测故障；维修开关按下导致总压采集故障等。实际检测过程中，可分别按下列方法进行维修处理。

❶总压采集线两端端子连接不可靠：用万用表测量检测点总电压，与监控总压对比，然后检查检测线路，发现连接不可靠，进行紧固或更换。

❷高压回路连接异常：用万用表测量检测点总压与监控总压，并进行对比，然后从检测点依次检查维修开关、螺栓、连接器、保险等，发现异常，进行更换。

❸高压板检测故障：对比实际总压和监控总压，更换高压板后，若总压恢复正常，则可确定为高压板故障，予以更换。

（7）预充电故障

导致出现预充电故障的原因：外总压采集端子松动脱落导致预充电故障；主板控制线无12V电压导致预充电继电器不闭合；预充电电阻损坏导致预充电失败等。结合实车，可按以下几类情况分别进行检查。

❶外部高压部件故障：当BMS报预充电故障时，断开总正、总负后，若预充电成功，则故障由外部高压部件引起，分段排查高压接线盒和PCU。

❷主板问题不能闭合预充电继电器：检测预充电继电器是否有12V电压，如果没有则更换主板，若更换后预充电成功，则确定为主板发生故障。

❸主保险或预充电阻损坏：测量预充电保险导通情况和电阻阻值，若异常则更换。

❹高压板外部总压检测故障：换高压板后预充电成功，则可确定为高压板出现故障，更换即可。

（8）无法充电

无法充电现象大致可总结为下列两种情况：一是接插件两端CAN线端子退针或脱落，导致主板与充电机无法通信，从而无法充电；二是充电保险损坏会导致充电回路无法形成，充电无法完成。实际车辆检测中若遇到无法充电的情况，可从以下几个方面入手，进行故障的维修处理。

❶充电机与主板未正常通信：使用仪器读取整车CAN系统工作数据，若发现无充电机或者BMS工作数据时，立即检查CAN通信线束，有接插件接触不良或线路中断，立即进行

修复。

❷ 充电机或主板故障不能正常启动：对充电机或主板进行更换，然后重新加载电压，若更换后可以充电，则可确定为充电机或主板出现故障。

❸ BMS 检查到故障，不允许充电：通过监控判断故障类型，然后解决故障，直至充电成功。

❹ 充电保险丝损坏，无法形成充电回路：使用万用表检测充电保险丝导通情况，若无法导通，则立即更换。

（9）电流显示异常

动力电池管理系统控制线束的端子脱落或螺栓松动、端子或螺栓表面氧化均会导致电流误差。出现电流显示异常时，应完整详细地检查电流采集线的安装情况。

❶ 电流采集线未正确连接：此时会导致电流正负颠倒，更换即可。

❷ 电流采集线连接不可靠：首先确定高压回路有稳定电流，而当监控电流波动较大时，检查分流器两端电流采集线，发现螺栓松动应立即进行紧固。

❸ 检测端子表面氧化情况：首先确定高压回路有稳定电流，而当监控电流远低于实际电流时，检测端子或螺栓表面是否有氧化层，有则对其表面进行处理。

❹ 高压板电流检测异常：断开维修开关后，若监控电流值在 0.2A 以上，则高压板电流检测异常，应对高压板进行更换。

（10）高压互锁故障

打开 ON 挡时，测量此处是否有高压输入，检查 4 个端子是否插接牢靠，并测量驱动端是否有 12V 电压（细线为电压驱动线）。按照具体情况，可分为以下三类。

❶ DC-DC 故障：测量 DC-DC 高压输入航插，在打开 ON 挡时是否有短时高压，有则确定为 DC-DC 故障，予以更换。

❷ DC-DC 继电器端子未插接牢靠：检查继电器高、低压端子，不可靠的重新插接牢靠。

❸ 主板或转接板故障，导致 DC-DC 继电器不闭合：测量 DC-DC 继电器电压驱动端，打开 ON 挡短时间无 12V 电压，则更换主板或转接板。

1.2.6 案例精解：比亚迪 e6 车型 BMS 故障

▶ **故障现象：** 比亚迪 e6 车型不能充电，并且无法上 OK 挡。

▶ **维修过程：**

❶ 检查确认车辆无法正常充电，仪表充电指示灯点亮。

❷ 使用诊断仪 VDS 及 ED400 扫描整车模块，无故障信息。

❸ 由于车辆无法充电及上 OK 挡，首先从无法上 OK 挡电开始排查，根据 e6 上 OK 挡电过程，读取 BMS 数据流发现预充未完成，同时数据流显示充电不允许，放电不允许。

车型上电过程：钥匙打到 ON 挡，负极接触器吸合；电池管理器控制预充接触器吸合，给预充电容充电；主电机控制器发送预充满信号（硬线）给电池管理器；电池管理器控制正极主接触器吸合，完成上电过程。此后组合仪表 OK 灯点亮。

❹ 根据预充工作原理，打开高压配电箱测量，预充接触器在上电瞬间没有吸合，该情况

为 BMS 没有发出控制拉低信号来控制预充接触器吸合。

❺ 由于没有故障码，也没有现成的 BMS 控制模块进行调换验证，根据 CAN 盒采集上电及充电报文判定，确认是 BMS 发出不能放电及充电命令。

▶ **故障排除：** 更换 BMS 后故障排除。

▶ **维修小结：** 根据原理，充电及上电共用控制模块为 BMS，车载充电器故障不影响上 OK 挡电，高压配电箱及电机控制器故障不影响充电。

1.3 高压配电系统（PDU）

1.3.1 结构秒认：高压配电箱功能

高压配电箱总成的主要功能是通过对接触器的控制将动力电池的高压直流电供给整车高压电器，以及接收车载充电机或非车载充电机的直流电来给动力电池充电，同时含有其他辅助检测功能，如电流检测、漏电监测等。以比亚迪新能源车型为例，唐 DM 的配电箱总成如图 1-69 所示。宋 DM 配电箱安装位置如图 1-70 所示。

图 1-69　比亚迪唐 DM 高压配电箱总成

高压配电箱的功能见表 1-4。

表 1-4　高压配电箱功能

序号	功能	描述
1	高压直流输出	通过电池管理器控制预充接触器、主接触器等吸合，使放电回路导通，为前后电机控制器、空调负载供电
2	车载充电器单相充电输入	通过电池管理器控制车载充电接触器吸合，使车载充电器充电回路导通，为动力电池充电
3	电流采样	通过霍尔电流传感器采集动力电池正极母线中的电流，为电池管理器提供电流信号
4	高压互锁	通过低压信号确认整个高压系统盖子及高压插件是否已经完全连接，唐 DM 车型设计为 3 个相互独立的高压互锁系统：驱动系统（串接开盖检测），空调系统，充电系统

以比亚迪唐 DM 车型为例，高压配电箱外部接口如图 1-71 所示，内部结构如图 1-72 所示。

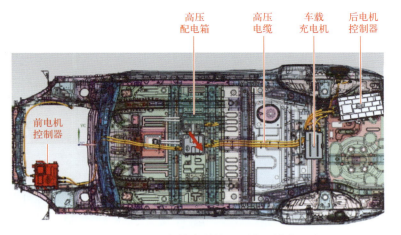

图 1-70 高压配电箱安装位置（比亚迪宋 DM）

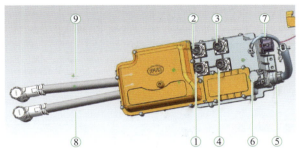

图 1-71 高压配电箱外部连接（比亚迪唐 DM）

①—前电机控制器正极输出；②—前电机控制器负极输出；③—后电机控制器负极输出；④—后电机控制器正极输出；⑤—低压插件；⑥—空调输出；⑦—车载充电机输入；⑧—电池包正极输入；⑨—电池包负极输入

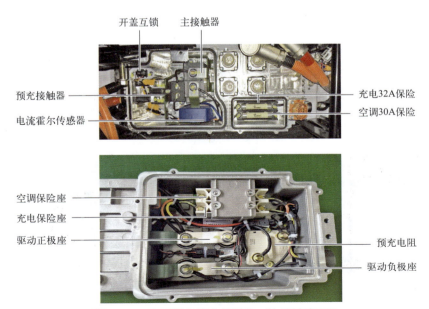

图 1-72 高压配电箱内部结构（比亚迪唐 DM）

1.3.2 原理秒懂：小鹏 P5 高压配电盒功能原理

以小鹏 P5 车型为例，该车高压配电盒（BDU）安装在动力电池内部，主要包含继电器、预充电阻、电流传感器、熔断器，执行上下电、预充、电流检测动作。电气原理图如图 1-73 所示。

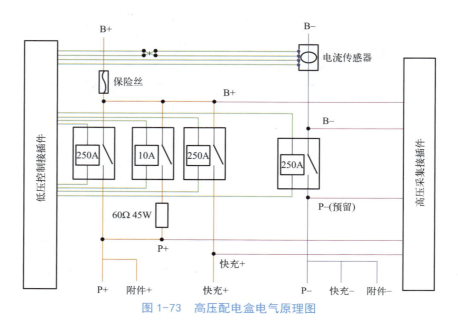

图 1-73　高压配电盒电气原理图

1.3.3 部件快拆：芝麻 E30 汽车 PDU 拆装

以众泰芝麻 E30 车型为例，配电箱的拆卸步骤如下。

❶ 断开高压盒上的 2 个插接头线束，位置见图 1-74。

❷ 松开连接在高压盒上的总成动力线束、总负铜排及连接电机控制器接口的主正、主负铜排等，见图 1-75。

图 1-74　拔出高压盒的 2 个插头

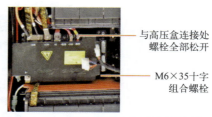

图 1-75　拆除高压盒上所有连接件

❸ 松开固定于箱体上的 4 颗固定螺栓，取出高压盒总成，见图 1-76。

图 1-76 拆下固定螺栓

按照拆卸步骤的相反顺序进行安装。封底二维码提供相关参考视频。

1.3.4 电路快检：比亚迪唐 PDU 电路检测

下面以比亚迪唐车型为例，讲解高压配电箱的检修流程与方法。

（1）检测与判别

1）检查配电箱空调保险。

❶ 整车置于 OFF 挡。

❷ 拆开配电箱侧边小盖。

❸ 测量上方空调保险（32A）是否导通；导通则配电箱保险正常，不导通则更换空调保险。

2）检查接触器电源脚。

❶ 整车上 ON 挡，连接好铁锂电池。

❷ 用万用表测量低压接插件引脚对地电压，K160-B—车身地正常值：（约 12V）；如不正常，则检查低压线束供电。

3）检查预充接触器控制脚。

❶ 整车于 OK 挡上电。

❷ 用万用表测量低压接插件引脚，（K160-G）对地电压是否由 12V—0V—12V；K160-G—车身地正常值 < 1V；如不正常，则检查电池管理器或线束。K160 连接器端子分布如图 1-77 所示。

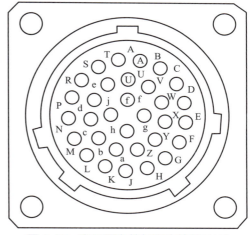

图 1-77 高压配电箱低压连接器 K160

4）检查正极接触器控制脚

❶ 整车上电于 ON/OK 挡。

❷ 用万用表测量低压接插件引脚对地电压，K160-H—车身地正常值 [< 1V（ON 挡）；约 12V（OK 挡）]。测量为正常值，则接触器控制正常；测量值不正常，检查电池管理器或线束。

（2）常见故障分析

1）无 EV 模式，仪表报"请检查动力系统"，故障码报"主接触器烧结"。

❶ 先查询高压 BMS 的程序版本（确认是最新版），确认故障码是否能清除，然后再尝试多次上 OK 挡电，看故障是否会重现。

❷ OFF 挡用万用表检测配电箱的电机控制器正极端口和电池包正极端口是否导通或开

箱检查主接触器是导通。导通，更换主接触器处理。

2）无 EV 模式，动力电池管理器报"预充失败故障"，在上电过程中测量 K160-G 对地电压是否会有 12V—0V—12V 这样的一个过程。

❶ 有，且驱动电机控制器直流母线无瞬间高压输入，则重点排查预充接触器。

❷ 无，检查电池管理器、采样线束。

3）动力电池管理器报"电流霍尔传感器故障"。

❶ 整车上 OK 挡。

❷ 用万用表测量低压接插件 K160-D 和 K160-E 对地电压。

a. 若 K160-D 对地电压在 +15V 左右且 K160-E 对地电压在 -15V 左右，更换高压配电箱（电流霍尔传感器）。

b. 若两引脚对地电压不在上述范围内，检查动力电池管理器及线路。

4）电流异常检测，测试霍尔信号（"1V"对应 100A）并与电源管理器的当前电流进行对比，从而来判断电流霍尔信号正常与否。

1.3.5 故障速诊：吉利几何熊猫 MINI EV 高压配电系统故障诊断

以吉利几何熊猫 MINI EV 车型为例，故障诊断流程如图 1-78 所示（封底二维码提供相关参考视频）。该车型故障诊断方法可扫码（见封底说明）参阅拓展案例相关信息。

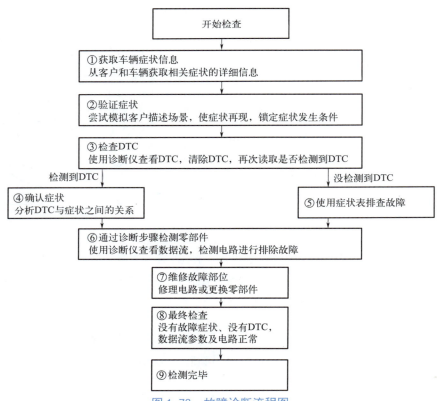

图 1-78 故障诊断流程图

常见故障快速诊断排查参考表 1-5。

表 1-5 高压配电系统常见故障快速排查表

故障现象	故障分析	维修方法
PTC 加热器不通高压电	1. PTC 高压接插件松脱	检查 PTC 高压接插件并重新紧固
	2. PTC 加热器高压线束故障	更换 PTC 加热器
	3. PTC 加热器故障	更换 PTC 加热器
电动压缩机不工作	1. 电动压缩机低压回路故障	检查低压回路相关部件
	2. 电动压缩机高压线束故障	检查电动压缩机高压线束
	3. 电动压缩机故障	更换电动压缩机
驱动电机不通高压电	1. 驱动电机控制模块低压电源电路故障	检查驱动电机控制模块高压线束总成
	2. 驱动电机控制模块高压线束总成故障	检查驱动电机控制模块高压线束总成
	3. 驱动电机控制模块故障	更换驱动电机控制模块
车辆插入交流充电枪后不充电	1. 交流充电桩故障	更换充电桩
	2. 交流充电 CC 信号故障	检查交流充电 CC 信号
	3. 交流充电 CP 信号故障	检查交流充电 CP 信号
	4. 交流充电高压线束故障	检查交流充电高压线束

1.3.6 案例精解：比亚迪 e6 电动车 PDU 故障排除

故障现象： 一辆新款比亚迪 e6 车辆启动后 OK 灯不能正常点亮，无法行驶，随后仪表报"请检查动力系统故障"，灯不能正常点亮，无法行驶。随后仪表报"请检查动力系统故障"，车辆无法正常充电。

用诊断器读取电池管理器故障码：P1A5400——一般漏电故障；P1AA100——主预充失败；P1AA200——DC 预充失败。如图 1-79 所示。

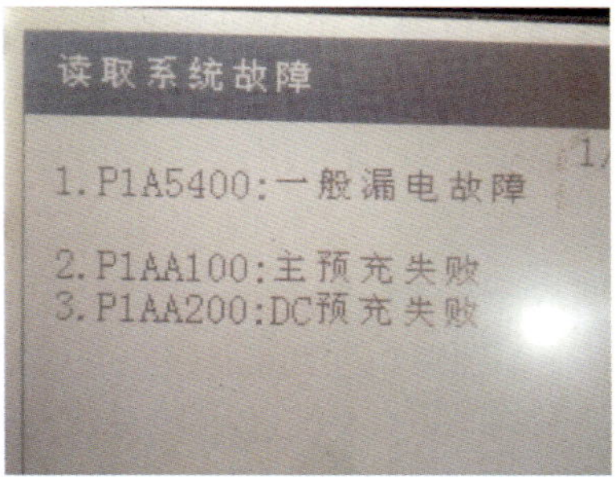

维修过程：

① 根据电池管理器故障码并按照高压上 OK 电流程分析，由 MICU 发送启动命令后，通过网关发送启动命令通过网关控制器，然后传递给电池管理器和 VTOG 控制器。电池管理器收到报文后控制负极接触吸合，同时电池管理器将进行自检，自检完毕无异常后，吸合预充接触器，电池管理器根据 VTOG 反馈信号，判断预充是否完成，完成后吸合主接触器，OK 灯点亮。分析该车 OK 灯不点亮，

图 1-79 电池管理器系统故障码

失败原因为预充失败导致主接触器未吸合。

❷ 打开高压配电箱后准备测量其预充电压，测量发现 150A 充电保险已熔断。更换 150A 充电保险，启动车辆后 OK 灯点亮，重新关闭再次启动车辆后灯点亮，OK 灯又无法点亮，测量充电保险再次熔断。

❸ 根据充电保险二次熔断，怀疑为 VTOG 控制器出现内部短路故障，更换充电保险和 VTOG 控制器后启动车辆，第一次 OK 灯点亮，2s 后又熄灭。仪表报"请检查动力系统"，重新再次启动力系统，重新再次启 OK 灯正常点亮，车辆恢复灯正常。

❹ 测试交流充电也是插枪后第一次充电不成功，二次拔枪后再充电正常。

❺ 掌握了故障发生规律，OK 灯不能点亮时读取电池管理器故障码：P1AA100——主预充失败，读取 VTOG 控制器内报；P1B0400——驱动过压保护故障，见图 1-80。

❻ 读取数据流发现启动车辆时动力电机母线电压瞬间达到 420V，见图 1-81，读取电池管理器数据流包总压为 306V。分析电池包总电压才为 306V，动力电机母线电压能达到 420V，可能原因有 VTOG 控制器自检错误，因刚更换新 VTOG 控制器，所以排除 VTOG 故障。

图 1-80　读取 VTOG 故障码内容

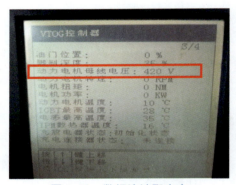
图 1-81　数据流读取内容

❼ 为进一步判定是否为 VTOG 控制器自检错误，打开高压配电箱，测量从电池包正极端到主接触器输入端电压为 308V。从主接触器到 VTOG 控制器正极输出端测量为 433V，见图 1-82，排除 VTOG 控制器故障。因从主接触器输入端电压正常，主接触器输出端电压高异常，仔细分析高压配箱高压上电流程和充电流程，根据每次第一次启动车辆主接触器不能正常吸合和交流充电第一次不成功的故障现象，怀疑为主接触器或交流充电接触器出现故障。

❽ 测量主接触器吸合正常，发现交流充电接触器一直处于导通状态，该交流充电接触器与 VTOG 交流充电正极母线处于导通状态，从而导致预充异常。高压配电箱内部结构如图 1-83 所示。

图 1-82　测量 VTOG 控制器正极输出端电压

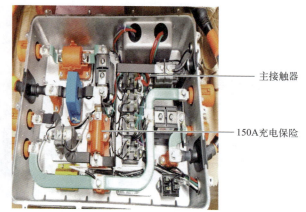
图 1-83　高压配电箱内部结构（比亚迪 e6）

▶ **故障排除：** 更换高压配电箱后故障排除。

1.4　高压安全系统

1.4.1　结构秒认：高压安全策略

电动车辆一般可以使用如表 1-6 所示的安全策略来防范高电压对人员和车辆的造成的危害与不利影响。

表 1-6　电动汽车高压安全策略

策略	1. 线束和连接器的颜色代码	2. 安全标记与警示标签	3. 触电防护
说明	所有高压线束和连接器使用醒目的橙/黄/红色	所有高压电组件均带安全标记，所有高压电组件均标有警告标签。发动机舱锁支架上有额外的黄色高压警告	所有高压连接器均配备经过改进的触电防护组件（IPXXB +、防触摸）。动力电池内部还提供触电防护
图例			

037

续表

策略	4. 紧急断电连接	5. 互锁回路与绝缘电阻	6. 主动放电与被动放电
说明	紧急断电连接指的是动力电池包上的保养插头 TW 和保险丝架中可快速拆卸的保险丝	为了提高所有高压连接器的触电防护效果,互锁线路仅与保养插头 TW 连接,绝缘监测电阻对车身高压电势的电绝缘情况进行检测	高压系统紧急关闭后,例如撞车或打开保养插头 TW 后,高压系统将在 5s 内放电。所有高压组件的电路中都有电容器。被动放电可确保电压在组件与动力电池断开后 2min 内降到 60V 以下
图例			
策略	7. 发生碰撞事故时高压切断	8. 监测高压继电器与短路测试	9. 动力电池防护标准 IP67
说明	发生无法排除高压电系统损坏的事故后,高压电系统将关闭并主动放电。许多高压电组件都安装在非常靠近车身外壳的位置,一旦检测到事故,高压电势会立即断开(通过烟火方式),该动作不可以在维修车间复位,必须进行更换维修	每个高压继电器前后都有一个电压接头。如果非预期状态被识别为对其中一个高压继电器有影响,则高压电系统将停用,直到消除故障。如果在预充电过程中发生短路,则会将其隔离,并且不会激活高压电系统。如果在高压电系统已经激活时检测到短路,则高压电系统将关闭	IP6X 的 6 表示固态(异物颗粒与灰尘)等级(共 6 级),为完全防止异物进入;IPX7 的 7 表示液态(油和水等液体)等级(共 8 级),8 为无限浸泡而不损坏,7 为防护短暂浸泡(防浸)
图例			

1.4.2 原理秒懂:高压互锁(HVIL)

以比亚迪新能源车型为例,高压互锁包括结构互锁(图 1-84)和功能互锁(图 1-85)。

结构互锁的主要高压接插件均带有互锁回路,当其中某个接插件被带电断开时,动力电池管理便会检测到高压互锁回路存在断路,为保护人员安全,将立即报警并断开主高压回路电气连接,同时激活主动泄放。

功能互锁指的是当车辆在进行充电或插上充电枪时,高压电控系统会限制整车不能通过自身驱动系统驱动,以防止可能发生的线束拖拽或安全事故。

以北汽新能源 EV200 车型为例,高压控制盒互锁线路如图 1-86 所示。

高压线束总成互锁电路如图 1-87 所示。

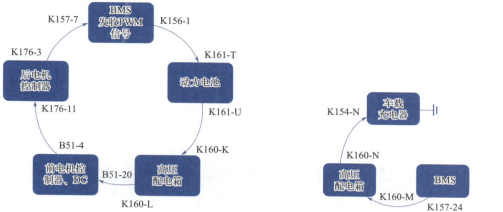

图 1-84 高压驱动互锁连接（比亚迪唐 DM）　　图 1-85 充电高压互锁连接（比亚迪唐 DM）

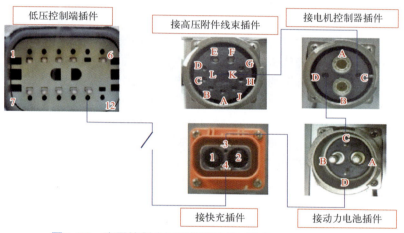

图 1-86 高压控制盒互锁线路连接（北汽 EV200/EV160）

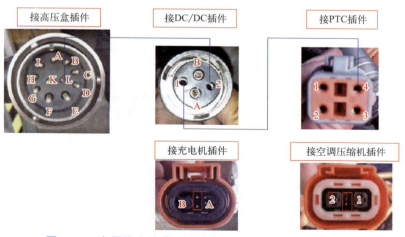

图 1-87 高压线束总成互锁线路连接（北汽 EV200/EV160）

1.4.3 维护快保：高压安全操作规范

❶ 在维修作业前请采用安全隔离措施（使用警戒栏隔离），并树立高压警示牌，如图 1-88 所示，以警示相关人员，避免发生安全事故。

❷ 在维修高压部件过程前，请将车身用搭铁线连接到混合动力及纯电动车型专用维修工位的接地线上。

图 1-88　作业区域隔离与警示牌标示

❸ 在检修有电解液泄漏的动力电池包时，需佩戴防护眼镜，防止电解液溅入眼中。

❹ 在车辆上电前，注意确认是否还有人员在进行高压维修操作，避免发生意外。

❺ 检修高压线束时，对拆下的任何高压配线应立刻用绝缘胶带包扎绝缘。

❻ 进行钣金维修时，必须采用干磨工艺，严禁采用水磨工艺。

❼ 整车进入烤漆房进行烘烤工艺时，必须将动力电池包与整车分离。

❽ 不能用手指触摸高压线束插接件里的带电部位以免触电，另外应防止有细小的金属工具或铁条等接触到接插件中的带电部位。

❾ 若发生异常事故和火灾时，操作人员应立即切断高压回路，其他人员立即使用灭火器扑救，使用干粉灭火器，严禁用水剂灭火器。

❿ 当发生电池漏电解液时，切勿用手触摸，稀释电解液需用葡萄糖软膏，不可用水稀释。

⓫ 对于空调制冷剂和冷冻油的回收、加注须用单独的专用设备进行，不能与燃油车型制冷剂加注及回收设备混用，避免对车辆空调系统及环境造成危害。

⓬ 作业中注意用于高压部件及区域提示的颜色或标示。

a. 橙色线束均为高压（适用于所有新能源车型，如图 1-89 所示的北汽新能源 EC200 车型）。

图 1-89　前机舱高压部件及橙色线束（北汽 EC200）

b. 动力整车电池包连至电源管理器的红色电压采样线束（适用于部分新能源车型，如图 1-90 所示的比亚迪新能源车型）。

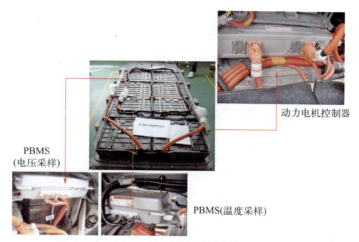

图 1-90　比亚迪新能源车型动力电池采样线束

1.4.4　维护快保：高压断开与重连

以江淮新能源车型为例，手动维修开关的取出步骤如下。

❶ 钥匙置于"LOCK"挡。
❷ 断开 12V 蓄电池电池负极。
❸ 断开维修开关，位置见图 1-91。

图 1-91　维修开关位置

a. 打开维修开关上方的地毯盖板。
b. 拆下维修盖板四颗安装螺栓，拆除维修开关盖板。
c. 打开维修开关二次锁扣，见图 1-92。

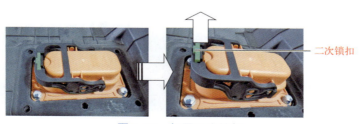

图 1-92　打开二次锁扣

d. 按住卡扣,按图 1-93 所示方向转动维修开关把手,然后向上用力,至把手垂直,拿出维修开关。拔下维修开关后,需等待 10min,确保高压残余电量耗尽。

图 1-93　取出维修开关

1.4.5　电路快检:传祺 GA3S 互锁回路故障检修

以传祺 GA3S 车型为例,如高压互锁线路断开,可排查高压互锁线路。排查顺序:500Ω 电阻器→车载充电机→PTC→电动压缩机→IPU→HVH→BMS→VCU。高压互锁回路电路如图 1-94 所示。

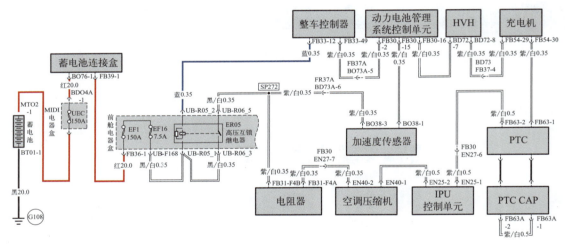

图 1-94　高压互锁回路(广汽 GA3S PHEV)

检测步骤如下。

❶ 检查前舱电器盒(EF1、EF16 保险丝,ER5 继电器)和 12V 蓄电池处的 UEC150A 是否有松动、烧坏、氧化现象。

❷ 检查动力电池包手动维修开关安装状态(无松脱),见图 1-95。

❸ 检测动力电池系统,用万用表测量 BMS(动力电池)FB30-16 是否有 12V 电压,如果有电压,说明 HVH—BMS 这段回路是正常的。复原接插件后,测量 FB30-2 是否有 12V 电压输出,如有,则说明 BMS 正常,如无,则要检查该接插件及 BMS。

❹ 检查电阻器,如果 FB54-30 没有 12V 电压,则测量电阻器 FB31-F4B 是否有 12V 电压。如果有,则说明电阻器这段回路正常。再把接插件复原,检查 500Ω 的电阻是否异常或者检

查接插件状态,见图1-96。

图1-95　检查维修开关有无松脱　　　　图1-96　检查500Ω电阻状态

❺ 检查充电系统。

a. 首先检测充电机是否正常,用万用表测充电机FB54-30端与FB54-29端是否导通,若导通,则充电机正常,反之,充电机异常。

b. 用万用表检测充电机FB54-30端是否有12V电压,若有,则(蓄电池—前舱电器盒EF1保险丝—EF16保险丝—ER05继电器—电阻器—空调压缩机—IPU控制单元—PTC充电机FB54-30端)正常;反之,则需逐步排查上述部分。

❻ 检测PTC系统,检测PTC是否正常,位置见图1-97。用万用表检测PTC高压互锁插头FB63A—2端是否有12V电压,若有,则测量FB63A-1是否有12V电压输出,或往下一步,测量充电机FB54—30是否有12V电压。若有,则说明PTC有电压输送过来,PTC无问题;反之,PTC高压互锁。再排查PTC连接充电机的线束状态。

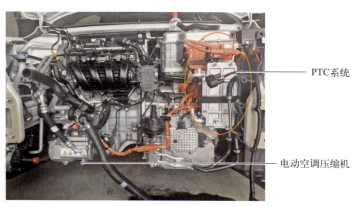

图1-97　检查PTC系统

❼ 检测空调压缩机(位置见图1-98),用万用表测量压缩机EN40-2端是否有12V电压。分两种情况:若有,则检测EN40-1端是否有2V电压,若有12V电,则压缩机正常,反之,则压缩机异常;若没有,则检查电阻器连接压缩机的线束状态。

❽ 检测IPU,见图1-98。利用万用表检测IPU的EN25-2端是否有12V电压。分两种情况:若有,则检测EN25-1端是否有12V电压,有则IPU控制器正常,反之,则IPU内部

异常；若没有，则检测空调压缩机连接 IPU 的线束状态。

图 1-98　检测 IPU 互锁端子

❾ 检查 HVH，见图 1-99。利用万用表检测 HVH 的 BD72-8 端是否有 12V 电压。分两种情况处理：若有，检测 BD72-7 端，若有 12V 电压，则 HVH 正常，反之，则 HVH 异常；若没有，则检查充电机连接 HVH 的线束状态。

图 1-99　检测 HVH 连接端子

❿ 检查 VCU（整车控制单元），位置见图 1-100。利用万用表检测 VCU 的 FB33-49 端是否有 12V 电压。分两种情况处理：若有，检测 FB33-2 端，若有 12V 电压，则 VCU 正常，反之，VCU 异常；若没有，检查 BMS 连接到 VCU 的线束状态。

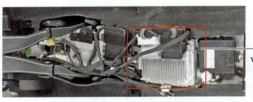

图 1-100　检测 VCU 互锁端子信号

1.4.6　电路快检：比亚迪秦 DM 高压绝缘检测

下面以比亚迪秦 PHEV 车型为例，讲解电动汽车高压系统漏电故障的检修方法。

根据维修经验，高压系统可能漏电的模块有电动压缩机本体漏电，2#、4#、6#、8# 电池模组漏电，PTC 水加热器漏电，驱动电机控制器及 DC 总成漏电，高压配电箱漏电。

高压系统报漏电故障时，确认是 ON 电报漏电故障，还是 OK 电报漏电故障；整车所有高压模块、橙色线束、漏电传感器及连接线束发生故障时均有可能报漏电故障码，可参考以下方法检查漏电故障。

高压系统漏电检测原理图如图 1-101 所示。

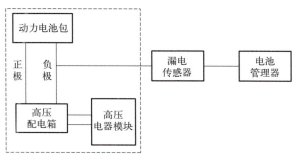

图 1-101　高压系统漏电检测

高压系统漏电检测原理：当高压系统漏电时，漏电传感器发出一个信号给动力电池管理控制器，电池管理控制器检测到漏电信号后，禁止充、放电并报警；漏电传感器检测动力电池包负极及与其相连接的高压模块，与车身底盘之间的绝缘电阻，来判断动力电池包的漏电程度；当高压 BMS 报漏电故障时，先初步排除漏电传感器线路异常，再确认是 ON 挡电报漏电故障，还是 OK 电报漏电故障。漏电传感器电路如图 1-102 所示。

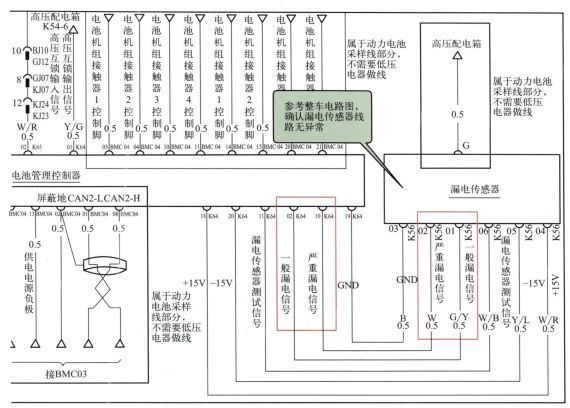

图 1-102　高压系统漏电检测电路（比亚迪秦 PHEV）

❶ 如果 ON 挡电报漏电故障，初步判断为动力电池包漏电；具体哪个电池模组漏电，根据以下流程检查，见图 1-103。

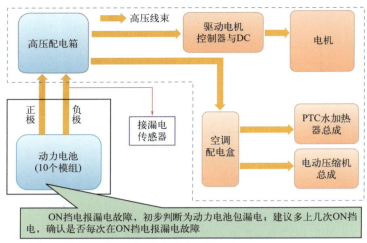

图 1-103　ON 挡漏电排查流程图

　　a. OFF 挡，拔掉 8# 电池模组接触器接插件，再上 ON 挡电，用诊断仪读取系统故障：如果不漏电，判断 8#、9#、10# 电池模组漏电（根据经验 8# 电池模组故障率高）；如果漏电，则排除 8#、9#、10# 电池模组故障，需检查 1-7# 电池模组。

　　b. OFF 挡，拔掉 6# 电池模组接触器接插件，再上 ON 挡电，用诊断仪读取系统故障：如果不漏电，判断 6#、7# 电池模组漏电（根据经验 6# 电池模组故障率高）；如果漏电，则排除 6#、7# 电池模组故障，需检查 1-5# 电池模组。

　　c. OFF 挡，拔掉 4# 电池模组接触器接插件，再上 ON 挡电，用诊断仪读取系统故障：如果不漏电，判断 4#、5# 电池模组漏电（根据经验 4# 电池模组故障率高）；如果漏电，则排除 4#、5# 电池模组故障，需检查 1#3# 电池模组。

　　d. OFF 挡，拔掉 2# 电池模组接触器接插件，再上 ON 挡电，用诊断仪读取系统故障：如果不漏电，判断 2#、3# 电池模组漏电（根据经验 2# 电池模组故障率高）；如果漏电，则排除 2#、3# 电池模组故障，判定 1# 电池模组漏电。铁电池组：1—3—5 可以互换；2—4 可以互换；6—8 可以互换；7—9 可以互换。各电池模组接触器接插件安装位置见图 1-104。

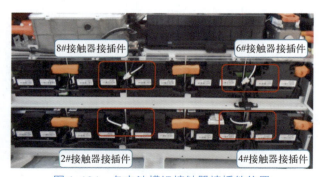

图 1-104　各电池模组接触器接插件位置

　　❷ 如果上 OK 电报漏电故障，初步判断为动力电池包以外的高压模块漏电；具体哪个高压模块漏电，根据以下流程检查，见图 1-105。

　　a. OFF 挡，断开紧急维修开关，再断开电动压缩机高压线束插头；装上紧急维修开关，上OK电,用诊断仪读取系统故障:如果不漏电,判断电动压缩机漏电;如果漏电,判断电动压缩机正常;继续断开其他高压模块。

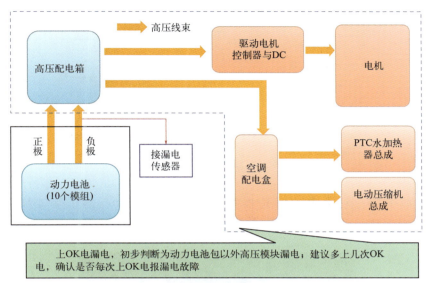

图1-105　OK挡漏电检测流程

b. OFF挡,断开紧急维修开关,再断开PTC高压线束插头;装上紧急维修开关,上OK电,用诊断仪读取系统故障:如果不漏电,判断PTC漏电;如果漏电,判断PTC正常,继续断开其他高压模块。

c. OFF挡,断开紧急维修开关,再断开空调配电盒输入端高压线束插头;装上紧急维修开关,上OK电,用诊断仪读取系统故障:如果不漏电,判断空调配电盒及线束漏电,线束如图1-106所示;如果漏电,判断PTC及线束正常正常,继续断开其他高压模块。

图1-106　空调配电盒与高压线束

按照以上方法,依次断开剩余高压模块,逐个判断哪个模块漏电或哪条高压线束漏电。判定一个高压模块或高压线束漏电时,尽量再将高压模块或线束插头插上去确认故障是否再现,避免零部件误判。

1.4.7　案例精解:比亚迪秦DM高压互锁故障

▶ **故障现象:** 比亚迪秦PHEV车型,上OK电发动机启动,无法使用EV模式,仪表提示"请检查动力系统",动力系统故障灯亮;高压BMS报故障码P1A6000:高压互锁故障,故障码无法清除或者清除后再现。

▶ **维修过程:**
秦的主要高压接插件(高压BMS、高压配电箱、维修开关、驱动电机控制器及DC总成)均带有互锁回路,当其中某个接插件被带电断开时,动力电池管理器便会检测到高压互锁回路存在断路，为保护人员安全，将立即进行报警并断开主高压回路电器连接，同时激活主动泄放。高压互锁流程图如图 1-107 所示。

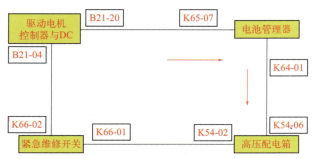

图 1-107　高压互锁回路（比亚迪秦 PHEV）

❶ 读取故障码，动力电池管理器报故障码：P1A6000：高压互锁故障；故障码 P1A4A00：高压互锁一直检测为高信号故障；且故障码无法清除，如图 1-108 所示。

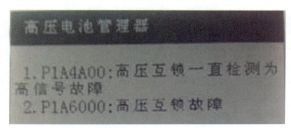

图 1-108　读取高压系统故障码

❷ 用诊断仪读取动力电池管理器及驱动电机控制器数据流。

a. 电池管理器数据流显示高压互锁：锁止，如图 1-109 所示。

b. 电池管理器显示高压接触器：断开，如图 1-109 所示。

 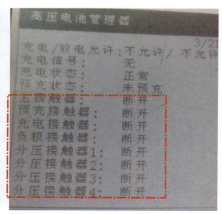

图 1-109　数据流分析

❸ 测量高压互锁端子及低压互锁线束。

a. 测量动力电池管理器 K64-1 与 K65-7 针脚之间不导通（电阻小于 1Ω），确认互锁回路存在开路,根据经验,故障点一般存在于驱动电机控制器及 DC 总成、高压配电箱这两个零部件,需重点检查。

b. 测量高压配电箱 K54-2 与 K54-6 针脚之间导通(电阻小于 1Ω),逐个轻微晃动高压配电箱上的高压互锁插头,测量没有开路现象,说明高压配电箱互锁端子没有开路或者偶发性开路情况。

c. 驱动电机控制器及 DC 总成无法直接测量,可以用排除法先测量维修开关 K66-1 与 K66-2,这两个针脚导通正常(电阻小于 1Ω),拔掉高压线束检查互锁针脚是否有退针现象,确认针脚已经退针,重新处理互锁针脚插头故障排除,如图 1-110 所示。

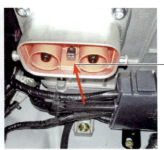

图 1-110 高压线束互锁针脚

▶ **故障排除:** 修复高压线束退针的互锁插头。

▶ **维修小结:**

❶ 首先要确认故障是偶发性故障还是一直存在故障,偶发性故障一般是线束插接不良,可以在测量导通性时逐个轻微晃动高压互锁插头,寻找故障点。

❷ 高压配电箱上有 7 个互锁针脚插头,包括动力电池包输入正,动力电池包输入负,驱动电机控制器与 DC 正,驱动电机控制器与 DC 负,车载充电器输入、输出,空调配电盒,高压配电箱,这些接插件插上后互锁针脚是串联状态,通过测量 K54-2 与 K54-6 的导通性即可确认高压配电箱的互锁是否正常,如果不导通请检查高压及低压互锁端子针脚是否有退针现象。

1.4.8 案例精解:比亚迪宋 DM 电池包漏电故障

▶ **故障现象:** 一辆宋 DM 里程 3000km,行驶过程中突然显示 EV 功能受限,无法切换纯电行驶;故障时 SOC 值为 80%,车辆无法充电,使用混动模式最快只能行驶 60km/h。

▶ **维修过程:**

❶ 根据现象分析可能引起的原因有动力电池故障、高压配电箱故障、驱动电机控制器故障、电池管理器故障、高压互锁或漏电故障。

❷ 使用 VDS2000 进行扫描后发现车辆有 7 个升级项,于是对车辆进行故障清除并更新最新程序。

❸ 更新程序后试车故障未排除,读取电池管理器故障码 P1A0000——严重漏电故障;漏电传感器故障码 P1CA100——严重漏电故障;故障码 P1CA200——一般漏电故障。诊断

界面如图 1-111 所示。

图 1-111　诊断仪读取故障码显示内容界面

❹ 根据故障码定义进行检查，在车辆 OFF 挡位时断开动力电池母线，使用绝缘测试仪测量前驱动电机控制器对车身阻值分别为 ≥ 20.9MΩ、21.0MΩ；后驱动电机控制器对车身阻值为 ≥ 24.2MΩ，正常。断开高压配电箱高压接插件，使用绝缘测试仪测量阻值在 0.08MΩ，属于严重漏电状态。为了彻底排查故障原因，分别对高压配电箱周围低压线路进行拔出测量，在断开漏电传感器低压线路后再测量高压配电箱对车身阻值，阻值恢复正常。

❺ 拆下漏电传感器查看，发现漏电传感器内部有许多液体，打开上盖后发现内部有许多水珠，查看底板及周围未发现有水痕，怀疑车辆涉水行驶，和车主沟通得知前些天下大雨，车辆有涉水较深情况。更换漏电传感器后故障排除。

▶ **故障排除：** 更换漏电传感器。

第 2 章

充电系统

2.1 交流充电（慢充）

2.1.1 原理秒懂：交流充电（慢充）电路原理

当 VCU（整车控制器）判断整车处于充电模式时，吸合 M/C 继电器，根据动力电池的可充电功率及车载充电机的状态，向车载充电机发送充电电流指令。同时，车载充电机吸合交流充电继电器，VCU 吸合系统高压正极继电器和高压负极继电器，动力电池开始充电。控制原理框图如图 2-1 所示，输入输出信号见表 2-1。

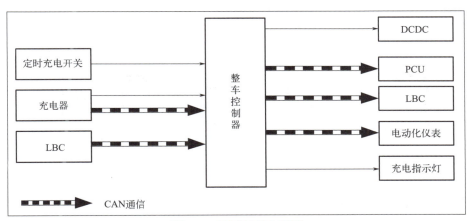

图 2-1 控制原理方框图

表 2-1 输入输出信号

输出信号/控制器	信号名	输入部件	信号类型
定时充电开关	定时充电开关信号	VCU	电压
LBC	动力电池总压	VCU	CAN
	动力电池单体最高电压		CAN
	动力电池单体最低电压		CAN
	动力电池单体最高温度		CAN
	动力电池单体最低温度		CAN
车载充电机	交流充电唤醒信号	VCU	电压
	充电机状态		CAN
VCU	充电电流指令	车载充电机	CAN
	充电电压指令		CAN
	充电指示灯指令	充电指示灯	电压

车辆处于交流充电状态，冷却水泵工作状态如表 2-2 所示。

表 2-2 冷却水泵工作状态（系统数据流值）

冷却液温度 /℃	车载充电机温度 /℃		
	≤ 55	55 < T ≤ 80	> 80
> 60	98	98	98
≤ 60	10（停）	30	98

交流（慢充）充电工作流程如图 2-2 所示。

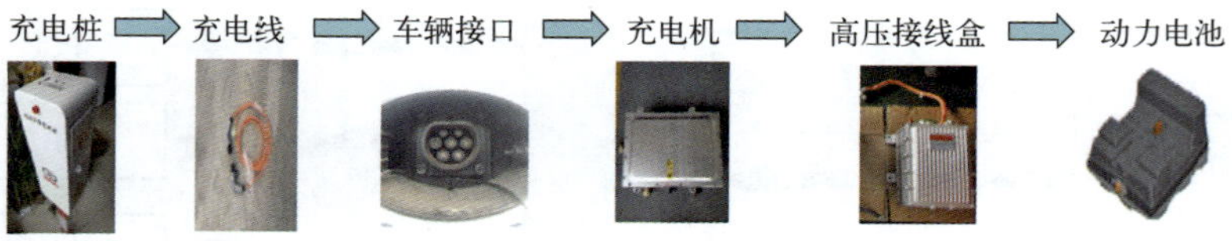

充电桩 ➡ 充电线 ➡ 车辆接口 ➡ 充电机 ➡ 高压接线盒 ➡ 动力电池

图 2-2 交流充电流程图

2.1.2 维护快保：电动车交流充电口保养

充电口作为传导充电方式一定存在磨损老化问题，需要加入保养范围，具体保养项目如下。

❶ 车辆熄火（退电至 OFF 挡），整车解锁，打开充电口舱盖及充电口盖。
❷ 检查充电口塑料绝缘壳体外观有无热熔变形，严重热熔变形影响正常使用，需要更换处理。
❸ 检查充电口内部以及端子内部有无异物，有异物使用镊子等工具将其取出，无法取出且影响正常使用的需更换处理。
❹ 检查充电口端子簧片及底部有无变黑，变黑的需要更换处理。
❺ 检查充电口端子簧片及底部有无变黄，如变黄请拆开车身护板，检查充电口尾部电缆是否烧黑及变形（需辅助照明仔细观察），如变黄且伴随尾部电缆外层变黑则需更换处理。
❻ 检查端子簧片有无断裂，断裂的需要更换处理。充电接口保养状态与更换标准如表 2-3 所示。

表 2-3 充电口外观及端子状态需更换判定标准

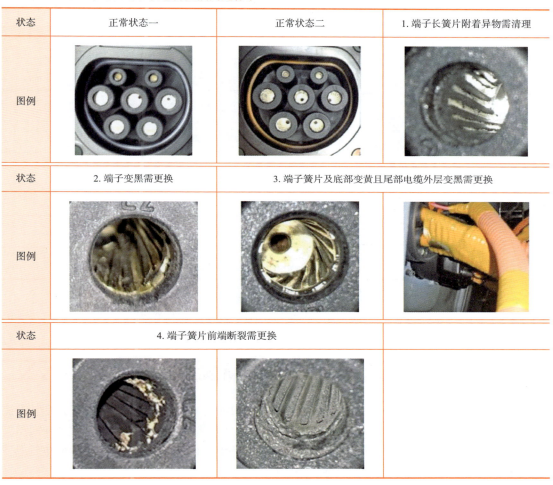

2.1.3 电路快检：电动车交流充电端子检测

常用的交流充电接口样式如图 2-3 所示，端子定义见表 2-4。

(a) 单相　　　　　　　　　　　　　(b) 三相

图 2-3　交流充电接口

表 2-4　交流充电接口端子定义

接口端子分布	端子名称	功能定义
	CC	充电连接确认信号线（充电器检测）
	CP	占空比确认充电器功率输出（充电器检测）
	L	交流 220V 电源
	N	中线
	PE	设备地
	NC1	备用
	NC2	备用

测量交流充电插座 L、N 分别对 PE 的绝缘阻值，要求绝缘阻值大于 20MΩ。

2.1.4　故障速诊：传祺增程电动车交流充电故障排除

以广汽增程型电动车为例，该车充电电路如图 2-4 所示。充电机 12V 只是唤醒电机控制器、HCU、BMS，这三个唤醒后开始工作，检测整车状态（检测高压互锁、CAN 通讯），如检测整车异常，则报故障，如检测正常，进入下一步工作，此时 BMS 开始唤醒电池包 5 个控制高压的继电器等工作（靠蓄电池 12V 供电）。

橙色代表 220V 交流或 350V 高压电器件，青绿色代表 12V 低压电器件。

根据充电流程和故障现象进行的故障分析，如图 2-5 所示。

车辆无法充电的故障排查流程如图 2-6 所示。

充电指示灯亮红灯故障排查流程如图 2-7 所示。

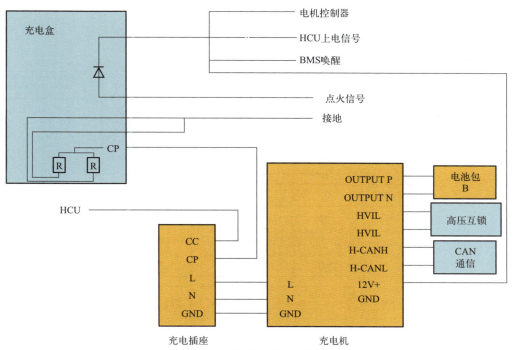

图 2-4 交流充电系统简图

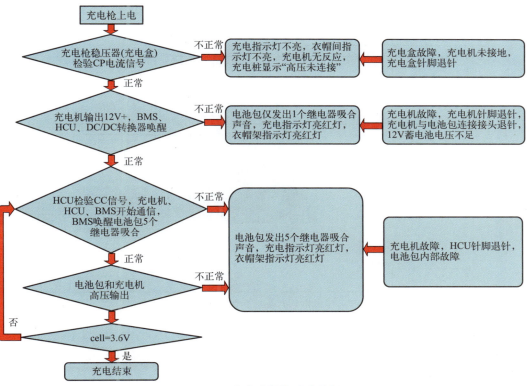

图 2-5 充电流程与故障分析

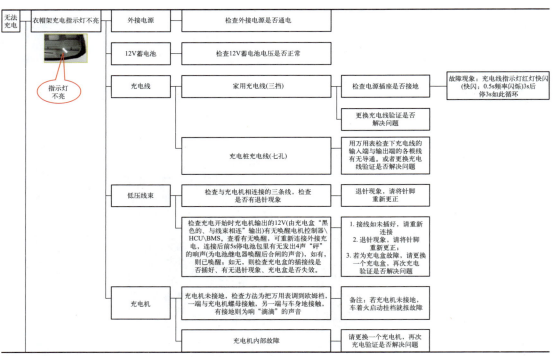

图 2-6 车辆无法充电的故障排查流程图

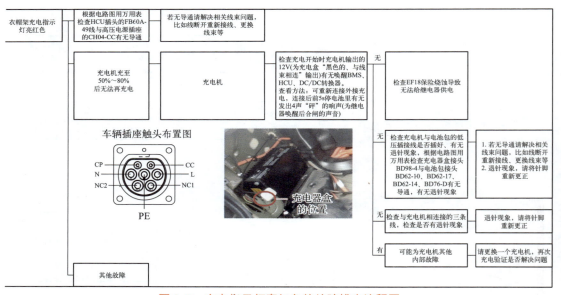

图 2-7 充电指示灯亮红色的故障排查流程图

2.1.5 案例精解：比亚迪 e5 无法使用交流充电故障排除

▶ **故障现象：** 一台 e5 无法交流充电，仪表一直显示充电连接中；可以上 OK 电正常行驶。

▶ **维修过程:**

❶ 使用交流充电盒、单相壁挂式充电盒都一样,仪表一直显示充电连接中。

❷ 如果仪表显示充电连接中,则说明充电设备和整车还没有交互完成。

❸ BMS 数据流中显示有充电感应信号 - 交流,如图 2-8,说明 CC 信号正常。

❹ VTOG 数据流中 CP 占空比信号一直是 0%,如图 2-9 所示,说明 CP 信号不正常;测量交流充电口 CP 针脚至 VTOG 的 64pin 接插件 CP 针脚导通性,发现不导通,仔细检查发现 BJB01 的 12 号针脚退针(电路故障点如图 2-10 所示),检修后试车故障排除。

图 2-8　BMS 数据流

图 2-9　VTOG 数据流

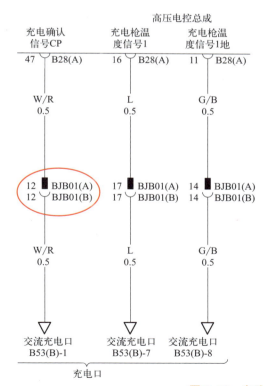

图 2-10　电路故障点

> **故障排除：** 修复受损的连接器针脚。

2.2 直流充电（快充）

2.2.1 原理秒懂：直流充电（快充）电路原理

当直流充电设备接口连接到整车直流充电口，直流充电设备发送充电唤醒信号给 VCU，VCU 吸合 M/C 继电器，根据动力电池的可充电功率及车载充电机的状态，向直流充电设备发送充电电流指令。同时，VCU 吸合直流充电继电器、系统高压正极继电器和高压负极继电器，动力电池开始充电。控制原理框图如图 2-11 所示，输入输出信号见表 2-5。

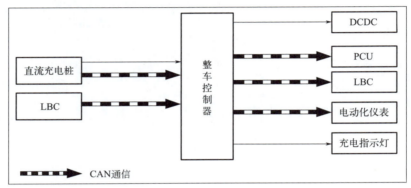

图 2-11 直流充电原理方框图

表 2-5 输入输出信号

输出信号/控制器	信号名	输入部件	信号类型
直流充电桩	直流充电唤醒信号	VCU	电压
	直流充电设备状态		CAN
LBC	动力电池总压	VCU	CAN
	动力电池单体最高压		CAN
	动力电池单体最低电压		CAN
	动力电池单体最高温度		CAN
	动力电池单体最低温度		CAN
VCU	充电电流指令	直流充电设备	CAN
	充电电压指令		CAN
	充电指示灯指令	充电指示灯	电压

车辆处于直流充电状态，冷却水泵工作状态如表 2-6 所示。

表 2-6 冷却水泵工作状态

冷却液温度 /℃	占空比 /%
> 60	98
≤ 60	20

直流充电不经过车载充电机，其流程如图 2-12 所示。

图 2-12 直流（快充）充电工作流程

2.2.2 原理秒懂：直流充电控制流程

插直流充电枪，连接正常后，直流充电桩输出 12V 辅助电源唤醒 BMS，BMS 被唤醒，判断可充电后，通过硬线输出 12V 唤醒 VCU，VCU 唤醒后，吸合主继电器给各控制器供电并通过硬线输出 12V 唤醒大屏，接着控制高压上电，判断可充电后发送充电使能给 BMS；BMS 与直流充电桩进行交互，BMS 根据电池状态发送充电需求电压与电流给直流充电桩，直流充电桩根据 BMS 发送的充电需求电压与电流，输出直流电给动力电池充电。充电控制原理框图如图 2-13 所示。

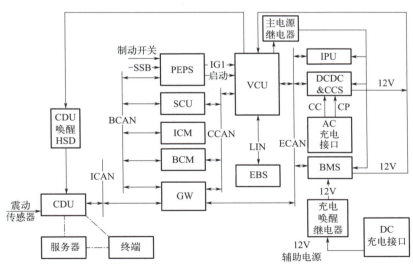

图 2-13 电动汽车充电控制原理框图

2.2.3 电路快检：电动车直流充电端子检测

常用的交流与直流充电接口样式如图 2-14 所示，端子定义见表 2-7。

 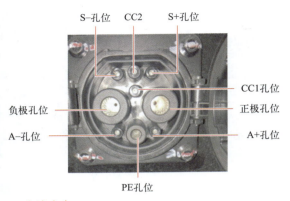

图 2-14 直流充电口

表 2-7 充电接口端子定义

接口端子分布	端子名称	功能定义
	DC+	直流电源正，连接直流电源正与电池正极
	DC-	直流电源负，连接直流电源负与电池负极
	PE	保护接地，连接供电设备地线和车辆车身地线
	CC1	充电连接确认（快充桩检测）
	CC2	充电连接确认（车辆检测）
	S+	充电通讯 CAN-H，连接快充桩和车辆的通讯线
	S-	充电通讯 CAN-L，连接快充桩和车辆的通讯线
	A+	低压辅助电源正，为车辆提供低压辅助电源
	A-	低压辅助电源负，为车辆提供低压辅助电源

测量直流充电插座 DC-、DC+ 分别对 PE 的绝缘阻值，要求绝缘阻值大于 20MΩ。

注意：测量绝缘阻值，请选用 500V 及以上量程兆欧表测量。

2.2.4 故障速诊：比亚迪元 PRO 直流充电故障排除

以比亚迪元 Pro 车型为例，车辆的充电系统包括直流充电系统和交流充电系统。直流充电是利用车辆外的直流充电桩给车辆充电，直流充电桩输出高压直流电给动力电池包充电。车辆的直流充电系统主要组成部分有直流充电口、充配电三合一、动力电池总成。交流充电是通过交流充电桩给车辆充电，电网交流电（民用220V）通过交流充电桩输出并在OBC（OBC集成在充配电三合一中）转化为高压直流电给动力电池包充电。车辆上交流充电系统主要组成部分有交流充电口、充配电三合一、动力电池总成。系统组成如图 2-15 所示。

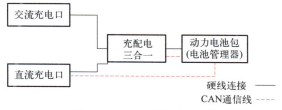

图 2-15 充电系统方框图

充电故障排查需要根据故障现象查找到故障部位,如图 2-16 所示。

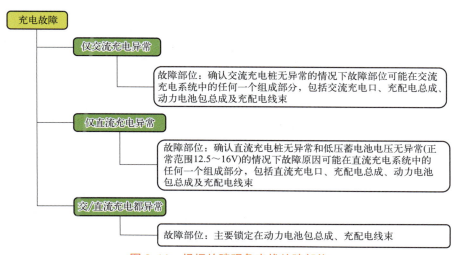

图 2-16 根据故障现象查找故障部位

可能的故障部位较多,要利用 VDS 诊断故障码去定位故障部位。诊断故障码的步骤如下。

步骤 1:OK 电下用 VDS 读取故障码并记录。

步骤 2:VDS 执行清除故障命令,退电到 OFF 挡再上 OK 电,读取故障码并记录。

步骤 3:找充电桩充电测试让故障重现,读取故障码并记录。

根据故障码与故障的相关注程度分三个等级,如表 2-8 所示。

表 2-8 故障分类等级表

相关等级	说明
相关等级 3	故障重现方能读取的故障码
相关等级 2	VDS 执行清除故障命令清除不了的故障码或清除后退电再重新上 OK 电又出现的故障码
相关等级 1	未执行 VDS 清除命令时 OK 电下读取的故障码

根据 VDS 诊断情况,按如图 2-17 所示思路进行排查。

用 VDS 诊断的过程中只有相关等级 1 的故障码或未读取任何故障码的情况,需要排查充电线路的连通性。用 VDS 先检查是否有高压零部件有软件版本更新,若有更新需更新到最新版本,若仍存在故障,用万用表排查相关硬件的连通性。

```
VDS诊断故障码情况
├── 有相关等级3(或相关等级2)的故障码 ──→ 依据诊断故障码排查处理
└── 只有相关等级1的故障码或没有任何故障码 ──→ 用万用表排查充电线路的连通性(相关等级1的故障码仅供排查参考)
```

图 2-17　根据 VDS 诊断情况的故障排除流程

首先整车退电至 OFF 挡，等待 5min，断开低压蓄电池负极，拔开电池包引出的离压母线，确保拔开的高压母线间电压在安全电压范围[小于 60V（DC）]。

若是直流充电故障，根据表 2-9 检查直流充电口各触口与 BMC 相应接口的连通性，端子分布如图 2-18 所示。

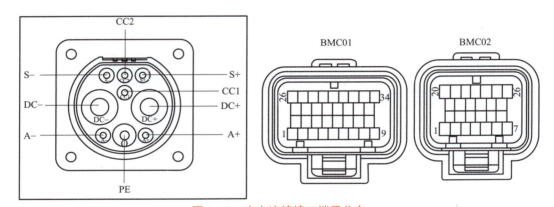

图 2-18　充电连接接口端子分布

表 2-9　直流充电口触头功能定义及连通性确认方法

触口标识	功能定义	连通性确认正常范围
DC+	直流电源正，连接直流电源正与电池正极	—
DC-	直流电源负，连接直流电源负与电池负极	—
PE	保护接地（PE），连接供电设备地线和车身地	PE 与供电设备地线或车身地间的电阻约 0，用万用表确认应小于 1Ω
S+	充电通信 CAN_H，连接直流充电桩与电动汽车的通信线	S+ 与 BMC02-24 之间电阻约 0，用万用表确认应小于 1Ω
S-	充电通信 CAN_L，连接直流充电桩与电动汽车的通信线	S- 与 BMC02-25 之间电阻约 0，用万用表确认应小于 1Ω
CC1	充电连接确认	CC1 与车身地电阻约 1kΩ，用万用表确认应在 0.9～1.1kΩ 之间

续表

触口标识	功能定义	连通性确认正常范围
CC2	充电连接确认	CC2 与 BMC02-15 间电阻约 0，用万用表确认应小于 1Ω
A+	低压辅助电源正，连接直流充电桩为电动汽车提供的低压辅助电源	A+ 与 BMC01-6 之间电阻约 0，用万用表确认应小于 1Ω
A-	低压辅助电源正，连接直流充电桩为电动汽车提供的低压辅助电源	A- 与车身地间的电阻约 0，用万用表确认应小于 1Ω

2.2.5 案例精解：比亚迪元 EV 无法直流充电故障排除

▶ **故障现象：** 一辆元 EVEB 车型直流无法充电，里程 780km。

▶ **维修过程：**

❶ 用电脑诊断未发现有版本更新，BMS 有一个预充失败的历史故障，如图 2-19 所示。

图 2-19　BMS 系统故障信息提示

❷ 元 EV 充电有三种供电方式：a. 家用单相交流充电；b. 充电桩单相交流充电；c. 充电桩直流充电。此车使用公共场所的单相交流充电正常，排除车辆电池故障，直流充电需要符合 GB/T18487.1—2023 的国标协议，车辆直流充电口的供电范围也达到 750V、200A 的电流电压。在 OFF 挡时测量，充电口 CC 端对地电压有 12V，考虑元 EB 使用的是充配电总成新技术，优先倒换充配电总成后测试故障未排除。

❸ 将车辆分别开至国家电网和当地电桩运营点进行直流充电测试，测试结果和客户反映的一样，短则 1min，长则 5min 电桩都会结束充电，停机原因 022D，SOC 由 34% 充至 39%。开到其它运营的电桩测试结果大体一致，各充电桩的参数符合需求。

❹ 为了分析是否为充电协议与电桩冲突的问题，联系了电桩运营商，电桩工程师到现场调试了所有的程序，故障依旧，对采集的故障报文做了分析，一会是电桩终止了充电报文，一会是车辆自行终止了需求报文。但是展车在电桩测试充电正常，基本排除电桩和电桩充电协议的问题。确定为故障车本身故障。

❺ 倒换 BMS 至故障车，充电故障依旧，读取车辆数据流发现没有直流充电感应信号，车辆处于充电状态，预充正常，SOC 电量也随充电时间增加，电脑检测只有故障码 I K 控制

器的 B22A6 13：车外右前探测天线开路故障（预留）和 4G 通讯模组的故障码 B1 AC800：获取 GPS 数据失败，见图 2-20。

图 2-20　故障码信息

❻ 直流感应信号由充电口传至 BMS，排查直流充电口至 BMS 的线路正常，上 OK 电测量直流充电 CC1 对地 1kΩ，CC2 电压 5V，S+ 电压 13V，S- 电压 13V，CAN 线电压明显异常，正常 2.6V，如图 2-21 所示。所以故障为前舱线束至 BMS 线路中有异常电压介入。

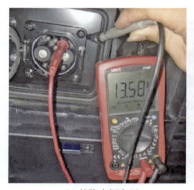 

(a) 故障车辆电压　　　　　　　　　　(b) 正常车辆电压

图 2-21　CAN 线电压对比

❼ 排查 BJG01 插脚时发现 BJG01/19 针脚（图 2-22）歪斜，触碰到了 BJG01/20（CAN 低线），线路故障点见图 2-23，复位后 CAN 线电压恢复正常 2.6V，直流充电正常，故障排除。

图 2-22　故障接插件针脚

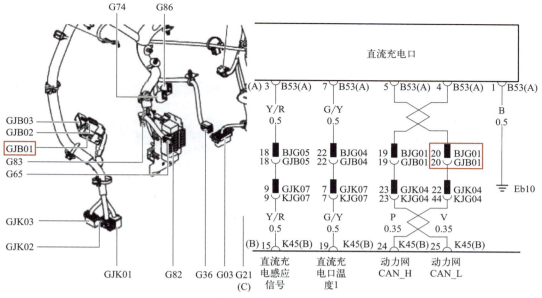

图 2-23 电路故障点

▶ **故障排除：** 修复接插件受损针脚。

▶ **经验总结：** 此次维修了解了直流充电的充电过程和充电条件。

❶ 直流充电流程分析：插枪后充电柜检测到 CC1 有 1kΩ 电阻，确认枪插好，充电桩发出唤醒信号给至 BMS，BMS 发送报文至 BCM，BCM 控制吸合 IG3 继电器。电池管理器得电工作，车辆检测到 CC2 有 1kΩ 电阻后确认充电柜连接正常，电池管理器控制点亮仪表充电连接指示灯并与直流充电柜进行 CAN 通信，通信无异常后，直流充电柜输出高压电为车辆充电。

❷ 充电要符合 GB/T 18487.1—2023 的国标充电协议。

❸ 根据直流充电流程，该车辆电池管理器已经控制点亮仪表充电连接指示灯，说明 CC1、CC2 已经完成，预充成功而且处于充电状态，但是通信电压的异常导致充电协议失败最终无法直流充电。

2.3 车载充电机（OBC）

2.3.1 原理秒懂：车载充电机内部结构与工作原理

以吉利几何 C 车型为例，该车的车载充电机由 OBC、DCDC、PDU 三部分组成（ODP）；其接口分布如图 2-24 所示。

OBC 能将交流能量转化为动力电池所需的直流能量，又能将动力电池直流能量转化为交流能量提供给外部家用电器或其他车辆；DC/DC 将车辆动力电池能量转化为车辆铅酸电池能量，以保证车辆 12V 低压电器能量供给；PDU 将能量分流给各用电模块。

吉利星越 PHEV 车型采用 6.6kW 功率的车载充电机，其主要功能将电网中的交流电转化为直流电为动力电池供电。车载充电机内部构造如图 2-25 所示。

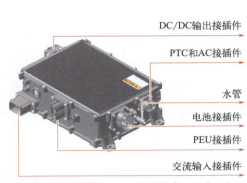

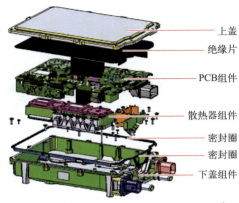

图 2-24 车载充电机接口分布（几何 C）　　图 2-25 车载充电机组成部件（星越 PHEV）

车载充电机是整车充电机的核心零部件，其主要功能有充电、电子锁控制、预约充电。其电路原理框图如图 2-26 所示。

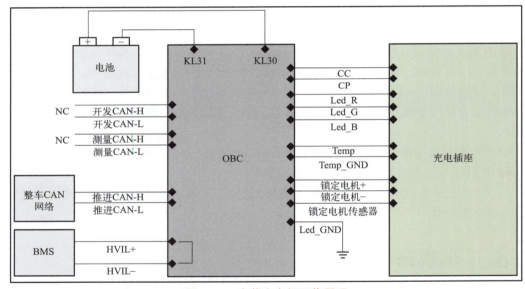

图 2-26 车载充电机工作原理

2.3.2 部件快拆：奇瑞小蚂蚁车载充电机拆装方法

❶ 拆卸行李箱地毯总成，如图 2-27 所示。
❷ 拆卸后检修口盖板总成，如图 2-28 所示。
❸ 拔下充电机总成上的三个接插件，如图 2-29 所示。
❹ 用扳手拆下充电机总成的四个固定螺母，如图 2-30 所示。安装力矩：（10±1）Nm。
❺ 充电机总成的安装按与拆卸相反的步骤进行。

图 2-27 拆卸行李箱地毯

图 2-28 拆卸后检修口盖板

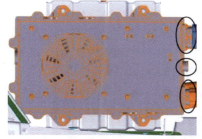

图 2-29 拆卸充电机接插件

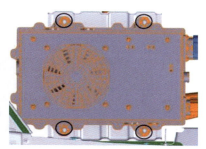

图 2-30 拆卸固定螺母

2.3.3 电路快检：新能源车 OBC 端子检测

对于充配电总成而言，其失效多表现为不能充电、上电或功率受限等，不外乎为控制信号输入异常或元器件本身故障导致，这种问题一般都会有相关的故障码报出来，我们均可以通过相关故障码以及数据流分析较快地锁定故障。

以比亚迪 e1、e2 车型为例，车辆无法进行交流充电，故障码为 P157016——交流侧电压低。

可能原因：充电桩无电流输入，交流充电保险烧蚀，OBC 内部故障。

可按以下步骤排查。

❶ 先读取插枪后的充配电数据流。

❷ 发现交流侧电压 5V（异常），正常应为电网电压（220V 左右）。

❸ 测量交流侧输入电压实际值是 229V，确认充电桩正常输入电流，排除电网及充电桩原因，确认为充配电三合一 OBC 故障，更换充配电三合一故障解决。

交流侧电压测量方法一如下。

❶ 断开蓄电池负极。

❷ 拔掉充配电交流充电接插件，短接互锁。

❸ 安装好蓄电池负极，插枪充电。

❹ 如图 2-31 所示，用万用表测量交流侧输入电压值，注意检测高压系统时必须佩戴绝缘手套。

交流侧电压测量方法二如下。

❶ 拆卸充配电上盖（允许拆盖维修的前提下）。

图 2-31 测量交流侧输入电压值

❷ 如图 2-32 所示,用万用表测量交流侧输入电压值(插枪充电状态),注意检测高压系统时必须佩戴绝缘手套。

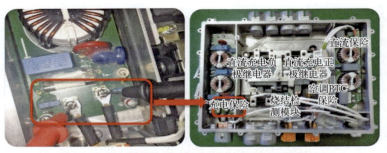

图 2-32 测量交流侧输入电压值(插枪充电状态)

OBC 常见故障有插枪充电跳枪、无法交流充电、故障码 P157C00——硬件保护。

故障触发条件:进行交流充电时,交流侧电压过高或过低,交流侧电流过高。

排查步骤如下。

❶ 先读取插枪后的充配电数据流。发现交流侧电压 320V,高于正常电网电压,如图 2-33 所示。

图 2-33 充配电数据流

❷ 若测量交流侧电压 233V,如图 2-34 所示,可以确定为充配电交流侧电压采样异常,更换充配电处理。

图 2-34 测量交流侧电压

❸ 若实测交流侧电压和数据流大致一样,请检查电网电压。注意检测高压系统时必须佩戴绝缘手套。

2.3.4 故障速诊:奇瑞小蚂蚁车载充电机故障诊断

充电系统有故障自诊断功能,通过诊断仪可以读取相关故障码信息,如表 2-10 所示。

表 2-10 车载充电机故障诊断

序号	故障码名称	DTC故障码	故障直接原因	故障可能原因	故障现象	充电插座充电指示灯状态	是否更换充电机
1	充电机高压输出欠压故障	P1B51	CM处于开机状态,且输出电压低于280V时,报输出欠压故障	充电机故障,等3s重新上电看是否清除故障	慢充异常或停止	不亮	故障未清除,更换充电机
2	充电机高压输出过压故障	P1B52	输出电压高于430V时,确认3s或者输出电压高于450V时立即报输出过压故障	充电机故障,需重新上电解锁	慢充异常或停止	不亮	故障未清除,更换充电机
3	充电机高压输出回路短路故障	P1B53	输出电压低于50V,且输出电流大于2A时,报输出短路故障	充电机故障,等20s重新上电看是否清除故障	慢充异常或停止	不亮	故障未清除,更换充电机
4	充电机交流电输入欠压故障	P1B54	输入电压低于155V时报输入欠压故障	充电机故障	慢充异常或停止	不亮	更换充电机
5	充电机交流电输入过压故障	P1B55	输入电压高于285V时报输入过压故障	充电机故障	慢充异常或停止	不亮	更换充电机
6	充电机过温故障	P1B56	模块PFC温度大于100℃时一级过温,大于105℃时二级过温,大于115℃时过温保护	充电机故障	慢充异常或停止	不亮	更换充电机

续表

序号	故障码名称	DTC故障码	故障直接原因	故障可能原因	故障现象	充电插座充电指示灯状态	是否更换充电机
7	充电机12V低压输出欠压故障	P1B57	12V开机且输出电压低于7.8V，报12V输出欠压故障	充电机故障	慢充异常或停止	不亮	更换充电机
8	充电机12V低压输出过压故障	P1B58	12V输出电压高于16V，报12V输出过压故障	充电机故障	慢充异常或停止	不亮	更换充电机
9	充电机输出电流故障	P1B59	采样到实际输出电流大于给定电流0.4A以上时报输出电流故障	充电机故障，等20s重新上电看是否清除故障	慢充异常或停止	不亮	故障未清除，更换充电机
10	充电机未检测到电池包或电池电压过低故障	P1B5A	充电机开机前检查到输出端电压小于225V时，报电池未连接或电池电压过低	1.电池包没有连接 2.充电机故障	慢充异常或停止	不亮	确认电池包连接正常，故障未清除，更换充电机
11	充电机风扇故障	P1B9C	风扇损坏或者堵转	1.充电机故障 2.风扇故障	慢充异常或停止	不亮	更换风扇故障未清除，更换充电机
12	BMS于CM通信异常	U0296	BMS持续4s未接收到CM的CAN报文；5s内没有接收到系统下发的CAN报文，MCU重新初始化CAN模块，第二个5s仍然没有接收到BMS下发的报文，报CAN通信故障	1.充电机故障 2.BMS未发送CAN报文	慢充异常或停止	不亮	检查BMS是否下发CAN报文，如果有，请更换充电机

2.3.5　案例精解：比亚迪e1车型7kW交流充电有时跳枪

▶ **故障现象：** 客户报修车辆在用原车配备的7kW交流充电桩充电1.5～2h，车辆仪表充电指示灯熄灭，重新开关遥控开锁，开关左前门车辆又会重新开始充电，直到车辆充满。

▶ **维修过程：**

❶ 首先用别的7kW交流充电桩测试故障依旧存在，发现充电1.5h后仪表充电灯熄灭时读取充配电三合一（集成车载充电机、DC/DC转换器、高压配电器）报故障码P157219——直流侧过流。

❷ 由于跳枪瞬间未仔细观察数据流哪里异常，只能放电到50%左右再次充电测试，当再次充电1.5h左右时，用VDS读取数据流发现交流侧电压由209V瞬间升到300V左右，随后降到209V，如图2-35所示。来回升降几次后电压停到300V左右，读取直流侧电流，由

原先充电时的 -5.4A 变成 8.1A，车辆跳枪，怀疑由充配电总成内部故障导致。

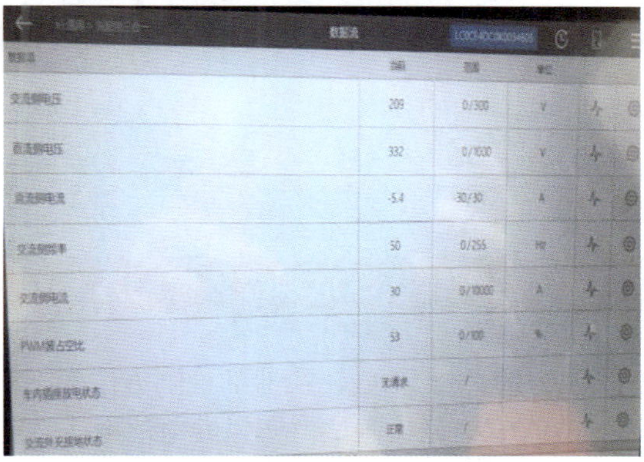

图 2-35 数据流分析

❸ 与正常车对换充配电三合一后试车，故障转移到试驾车，确认充配电总成故障，更换后故障排除。

▶ **故障排除：** 更换充配电三合一总成。

2.4 DC-DC 转换器

2.4.1 原理秒懂：新能源车直流转换器原理

DC-DC 转换器的作用是将高压电源降为 12V 低压电源，其功用有两个：一是电池电压在使用过程中不断下降，用电器得到的电压是一个变化值，而通过 DC-DC 转换器后用电器可以得到稳定的电压；二是给辅助蓄电池补充电能。其在新能源汽车中的角色就相当传统汽车中的发电机，电路原理如图 2-36 所示。

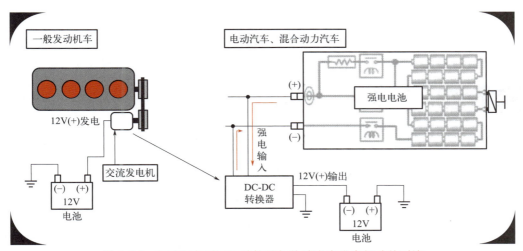

图 2-36 电动汽车 DC-DC 转换器与传统汽车发电机功能对比

车辆静置时间超过 60h，VCU 控制 DC-DC 给 12V 蓄电池充电 15min。

以下任意一个条件满足，退出 12V 自动充电功能，且远程智能终端计时将清零：钥匙置于 "ON" 挡或旋至 "START" 挡；开始直流或交流充电；开始远程空调或远程充电。

提示：当 12V 蓄电池正在自动充电时，上电开关开启或关闭，12V 蓄电池自动充电将停止。

2.4.2 电路快检：新能源车直流转换器常规故障检测方法

以江淮 IEV6、IEV7 车型为例，DC-DC 转换器的检测方法如下所述。

❶ 把万用表调至检测 DC 直流挡位，测试整车铅酸电池电压。

在测试铅酸电池有 13.8V 直流但仪表盘上还有红色铅酸电池灯亮，则拆控制器上盖（整车下电无高压，请注意安全），用万用表导通挡检测黄色 FB 信号线到控制器 23 针第 2 排第 3 针脚是否导通，针脚位置见图 2-37，FB 信号线是否有退针现象。

a. FB 信号线有退针，如果是控制器端信号线退针，则更换控制器或把退针脚位的插进去；如果是 DC-DC 端信号线退针，则更换单体 DC-DC 或把退针的插进去。

b. FB 信号线连接正常，但铅酸电池有 13.8V 且仪表盘上还有红色铅酸电池灯亮，此故障为 DC-DC 的 FB 信号故障，更换 DC-DC 即可。

在测试铅酸电池无 13.8V 直流时，则进行下一步。

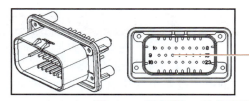

图 2-37　控制器 FB 信号线针脚

❷ 把万用表调至检测导通挡位，测试控制器保险丝是否良好（导通）（整车下电无高压，请注意安全）。

a. 保险丝熔断（不导通），则测试 DC-DC 输入正负极是否短路（导通为短路）。DC-DC 输入正负极短路（即 DC-DC 故障），则更换 DC-DC；DC-DC 输入正负极未短路，更换保险丝查看是否故障还会发生。

图 2-38　检查控制器信号线束

b. 保险丝良好，则查看信号线束在控制器内部是否连接正常，见图 2-38；连接正常的话，进入下一步。

❸ 把万用表调至检测导通挡位，测试整车有无提供 VCC、使能、FB 信号等的电压。

a. 如果整车在 VCC、使能、FB 信号等的电压有一样未提供，但显示 DC-DC 故障现象的，那么 DC-DC 良好，请检测整车低压用电系统是否有不良。

b. 反之，整车在 VCC、使能、FB 信号等的电压均有提供的情况下，显示 DC-DC 故障现象,那么请更换 DC-DC。

❹ 更换 DC-DC 备件来检测是否 DC-DC 故障。

在以上测试均正常的情况下,还是未能解决故障,则更换 DC-DC 备件,查看故障现象是否还在。故障现象消失,则更换下的 DC-DC 有故障;故障现象还在,则属于车辆导致,更换下的 DC-DC 良好。

❺ DC-DC 偶发性故障,DC-DC 在整车上一会有输出、一会无输出(即仪表盘红色铅酸电池灯一会亮一会不亮),除常规检测外请按以下测试方法进行电路检查。

a. 检测整车和控制器 23 针接插件是否松动;接插件内部是否有退针或针歪,有松动或退针,则修复。

b. 检测 DC-DC 输出接插件是否连接固定,有无松动。有松动,则重新固定。

c. 检测整车铅酸电池正极是否连接固定,有无松动。有松动,则重新固定。

d. 检测控制器外和控制器内部高压输入是否连接正常,有无连接异常、螺钉松动等现象。有异常或螺丝松动,重整修复。

e. 在以上检测后,故障还存在。试摇晃检测 DC-DC 输出端螺栓,是否有松动的感觉。有松动,更换 DC-DC 单体。

f. 在以上检测都正常的情况下,把整车上 Ready,且开启车辆上所有的低压系统(即车灯、收音机、雨刮等等),并开车尝试多次转弯。查看是否在以上情况下故障现象不消失(一直存在),直到全部停下或关闭(整车低压用电系统)的情况下故障现象消失。那么此问题为 DC-DC 故障——DC-DC 负载能力故障,可更换 DC-DC 单体。反之,DC-DC 正常。

2.4.3 案例精解:比亚迪秦 DM 直流转换器故障排除

▶ **故障现象:** 比亚迪秦 PHEV 车辆无 EV 模式,仪表提示低压电池电量低,请检查充电系统。如图 2-39 所示。

▶ **故障分析:** 可能存在故障的部件及电路,DC-DC 故障,DC 低压输出断路。

▶ **维修过程:**

❶ 用诊断仪 ED400 读取 DC 故障码 P1EC700DC:降压时硬件故障。

❷ 在 OK 挡上电瞬间,读取 DC 数据发现:

a. 高压侧电压 4V;

b. 低压输出只有 13.1V,低压侧电流 0 A;

c. 读取驱动电机控制器母线电压为 505V,即高压侧电压正常。以上数据如图 2-40 所示。

图 2-39 仪表检修提示

❸ 判断 DC-DC 无高压电输入,更换 DC-DC 总成后故障排除。

▶ **维修小结:**

❶ 纯电模式下,DC 的功能替代了传统燃油车挂接在发动机上的 12V 发电机,和蓄电池并联给各用电器提供低压电源。DC 在高压(500V)输入端接触器吸合后便开始工作,输出电压标称 13.8V 以上,并且一般输出电流在 10~50A,见图 2-41。

图 2-40 DC-DC 总成数据分析

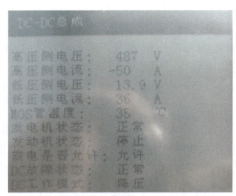

图 2-41 DC-DC 总成输出数据

❷ 发动机原地启动时，发电机送出 13.5V 直流电，经过 DC 升压转换 500V 直流给电池包充电，见图 2-42。

图 2-42 DC-DC 总成充电流程

❸ DC-DC 总成检查分析如下。

a. 驱动电机控制器和 DC 输入高压为同一路高压电；如果 DC 没有高压输入，驱动电机控制器母线也有高压，电压在 400V 以上，则 DC-DC 故障；如果驱动电机控制器高压母线也没有高压电，则需要检查母线电压。

b. 当 DC-DC 有高压输入，且电压在 400V 以上，读取低压输出在 13.8V 以下，低压电流有电流输出在 0V 左右，则 DC 内部故障；如果 DC 低压输出在 13.8V 以上，低压电流有电流输出在 0V 左右，低压输出可能是虚电压，无需理会，更换 DC 即可。

c. 在发动机未启动的情况下 DC 输出电压，也可使用万用表测量配电盒或启动电池输出极柱电压，其工作电压为 13.8V 以上。

d. 确认 DC 是否通信正常，如果不能正常通信，则 DC-DC 存在故障，更换即可。

第 3 章

电驱系统

3.1 驱动电机

3.1.1 原理秒懂：电机一般结构与工作原理

电机结构包括电动机/发电机 1、转子 2、定子 3、动力电子元件 4 和动力电池 5，电机装有一个定子绕组，绕组如同电动机一样，可产生一个旋转磁场，电机组成部件和电路连接如图 3-1 所示。

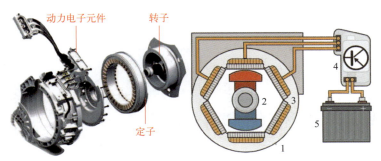

图 3-1　电机组成部件

当电机作为电动机工作时，定子绕组会产生一个旋转磁场。转子是一个可以产生磁场的永磁体。同步电动机的转速可通过感应交流电的频率精确控制。系统中装有一个变频器，对同步电动机转速进行无级调整。转子位置传感器可持续检测转子的位置。控制电子器件以此测定发动机实际转速。电机工作原理如图 3-2 所示。

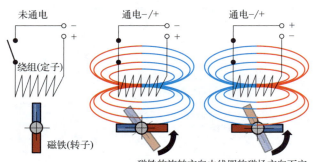

图 3-2 电机工作原理

如果电动机作为发电机工作，转子通过变速箱从外部驱动。当转子的磁场通过定子绕组时，每一相的线圈上都会产生感应电动势。转子磁场会依次通过绕组。电力电子装置将获得的电能转化为高压直流充电电流，对动力电池进行充电。

三相交流同步电机是靠永久磁铁转子（轴）与电磁铁定子（筒状）的磁性吸引力而旋转的电机，如图 3-3 所示。定子的磁场（N 极、S 极）切换速度，等同于转子的旋转速度（同步电机）。

图 3-3 三相交流电与同步电机

三相交流电被送到定子，使之产生旋转磁场。与定子的旋转磁场相一致，转子将因为磁场的变化而产生旋转。定子内（转子周围），磁场将以"N 极""无极性""S 极"的顺序不断变换，如图 3-4 所示。

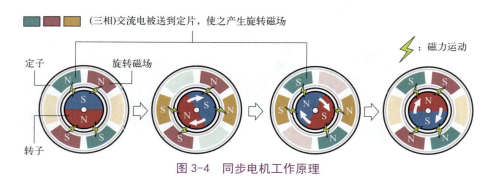

图 3-4 同步电机工作原理

3.1.2 结构秒认：永磁同步电机一般结构

驱动电机是一个紧凑、质量轻、功率输出高、效率高的永磁同步电机（PMSM），永磁铁被镶入转子中，旋转磁场和定子线圈共同作用产生扭矩；电机旋变被旋转变压器同轴安装在电机上，用来检测转子旋转的角度。此旋转角度被发送到电机控制模块；电机温度传感器检测电机定子内部的温度，此温度信息被发送给电机控制模块。驱动电机组成部件见图3-5。

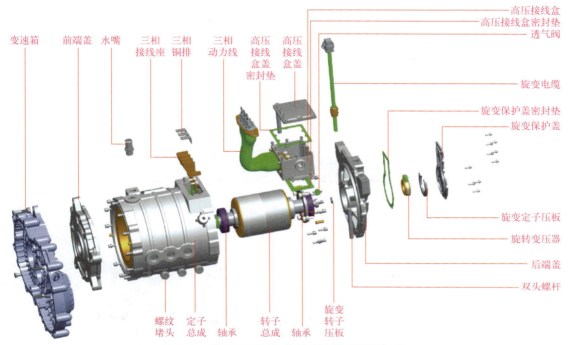

图 3-5 驱动电机部件分解（江淮新能源车型）

永磁同步电动机及其驱动系统与外部的电气接口共包括高压电部分、低压部分和通信口接口三部分。高压部分与整车连接的高压直流部分如下。

P——电机控制器直流正端；

N——电机控制器直流负端。

电机驱动器与永磁同步电动机连接的三相交流电部分如下。

A（U）——电机 A 相（U）；

B（V）——电机 B 相（V）；

C（W）——电机 C 相（W）。

3.1.3 原理秒懂：感应异步电机工作原理

当电机的转速（转子转速）小于旋转磁场的转速时，称为异步电机。异步电机在1885年由意大利物理学家和电气工程师 G·Ferraris 发明。

异步电机是一种交流电机，其负载时的转速与所接电网频率之比不是恒定值。

作电动机运行的异步电机。因其转子绕组电流是感应产生的，又称感应电动机。1888年，N·Tesla 在美国取得了感应电机的专利。异步电动机是各类电动机中应用最广、需要量最大的一种。各国以电为动力的机械中，约有90%左右为异步电动机，其中小型异步电动机

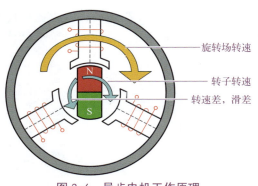

图 3-6 异步电机工作原理

约占 70% 以上。

三相异步电动机定子绕组加对称电压后,产生一个旋转气隙磁场,转子绕组导体切割该磁场产生感应电势。转子绕组处于短路状态会产生一个转子电流。转子电流与气隙磁场相互作用就产生电磁转矩,从而驱动转子旋转。电动机的转速一定低于磁场同步转速,因为只有这样转子导体才可以感应电势从而产生转子电流和电磁转矩。异步电机工作原理如图 3-6 所示。

3.1.4 部件快拆:蔚来 ES6 驱动电机拆装

以蔚来 ES6 车型为例,该车后驱电动机即为 240kW 的异步感应电机,安装位置及结构特征见图 3-7。

图 3-7 蔚来 ES6 后电驱总成安装位置

后电驱装置总成的拆装步骤及注意事项如下。

❶ 拆下后悬架及电机合件。
❷ 拆下左后驱动轴。
❸ 拆下右后驱动轴。
❹ 松开卡箍,断开水管的连接(共四处),如图 3-8 所示。

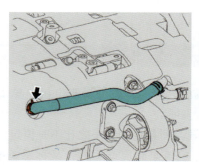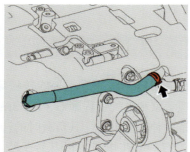

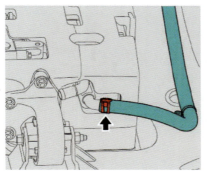
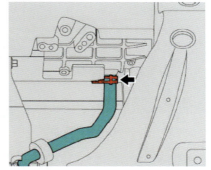

图 3-8 松开水管卡箍并断开连接

❺ 拆下 1 个螺栓（拧紧力矩 8Nm）并移开后电驱搭铁线，如图 3-9 所示。
❻ 将吊耳和铁链安装到指定位置上，并配合吊机支撑，如图 3-10 所示。

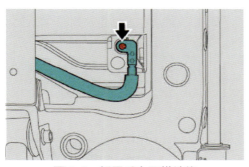
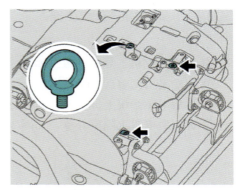

图 3-9 拆开后电驱搭铁线　　　　图 3-10 安装吊耳

❼ 先拆下 1 个螺母、1 个螺栓（拧紧力矩为左后悬置 55Nm+90°，前悬置和右后悬置 100Nm）。再拆下 3 个螺栓（拧紧力矩为左后悬置 65Nm，前悬置 100Nm，右后悬置 55Nm+90°），拆下右后悬置总成，如图 3-11 所示。

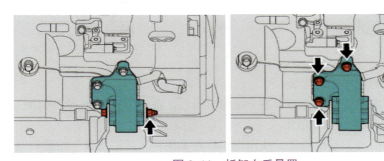

图 3-11 拆卸右后悬置

❽ 用同样方法拆下前悬置总成，如图 3-12 所示。
❾ 拆下左后悬置的 1 个螺母和螺栓，接着移动吊机，从后悬架上拆下后电驱系统和左后悬置总成，如图 3-13 所示。

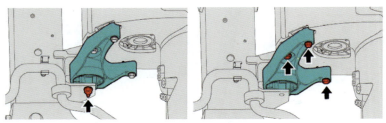

图 3-12 拆下前悬置

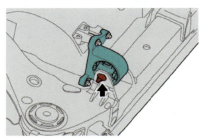 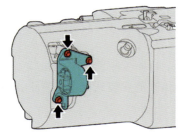

图 3-13 拆卸左后悬置

⑩ 拆下后电机下隔声外罩，如图 3-14 所示。
⑪ 移动吊机，将后 EDS 总成放置指定位置。
⑫ 从后电驱系统上拆下吊耳和铁链，移开吊机。
⑬ 拆下后电机上隔声外罩，如图 3-15 所示。

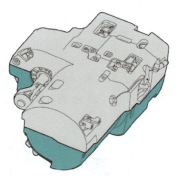 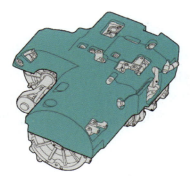

图 3-14 拆卸下隔声罩　　　　　图 3-15 拆卸上隔声罩

⑭ 按与拆卸相反的顺序进行安装。
⑮ 整车已下高压电绝缘检测。如果整车绝缘未通过，则进行后 EDS 绝缘检测。
⑯ 进行后电驱动系统等电势检测。
⑰ 若更换了新的后电驱系统总成，使用汽车诊断系统在"后逆变器"中进行写 VIN 码、版本检查和刷写操作。
⑱ 若更换新的后电驱动系统总成，使用安全模块诊断工具，在"后逆变器"中进行防盗学习。
⑲ 使用汽车诊断系统在"空气悬架和阻尼控制模块"中，进行空气悬架标定。
⑳ 进行四轮定位并路试。

3.1.5 部件快拆：奇瑞小蚂蚁驱动电机拆装

以奇瑞 EQ1 小蚂蚁电动汽车的驱动电机拆装为例，操作步骤如下。

❶ 切断高压，拔掉维修开关（MSD 保险端）插件（在副座椅下面，见图 3-16，将座椅后推后拆下盖板即可拔下）。

❷ 拆下后检修盖板总成，如图 3-17 所示。

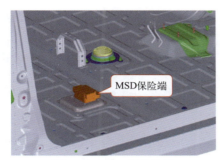

图 3-16　MSD 部件位置

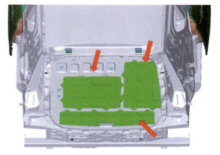

图 3-17　车辆后检修盖板

❸ 如图 3-18 所示，拆除电机进出水管。

❹ 拆下电机接地线，拔掉电机信号插件，见图 3-19。

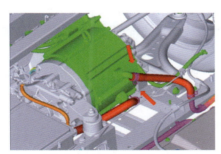

图 3-18　拆电机进出水管

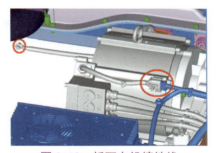

图 3-19　拆下电机接地线

❺ 举升机举起车辆，在副车架下方放置一平板车，支撑副车架。

❻ 拔去控制器信号插件并拆除其他在副车架上的高、低压线束，见图 3-20。

❼ 拆除副车架，放置在平板车上。

❽ 如图 3-21 所示，将电机和电机控制器连接的三相线从控制器端拆卸。方法：首先使用开口扳手卸下螺母 1，再拆卸固定在控制上的螺母 2，拆掉 U、V、W 防水端子后，打开控制器小盖板，拆掉压线端子 3 个 M6 螺栓。三相插件与控制器连接螺栓力矩为（20±3）Nm，端子固定螺栓力矩为（4±1）Nm。

❾ 如图 3-22 所示，拆卸电机和减速器左悬置、前悬置、后悬置，将电机和减速器总成放置在工作台上。

❿ 拆卸电机和减速器之间的连接螺栓，见图 3-23。安装力矩：（60±6）Nm。

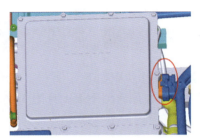

图 3-20　取下电机控制器接插件

图 3-21　取上电机三相线

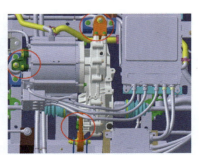

图 3-22　拆下电机与减速器悬置支架螺栓

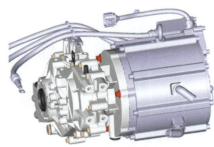

图 3-23　拆卸电机与减速器连接螺栓

⑪ 晃动电机，并向电机相反方向拉动，即可拆下电机，如果配合较紧，则用旋具（一字螺丝刀）撬动配合面，或者用塑料锤敲击减速器壳体，即可分离电机和减速器（注意拆卸和装配时小心减速器油封）。

电机的装配参见电机拆卸的逆过程，电缆与信号线连线及水管安装参见控制器安装、线束及水管安装部分。装配完成后，应参照冷却液加注方法加注冷却液。

驱动电动机安装注意事项如下。

❶ 驱动电机安装前用高压绝缘表 500V 挡，检测电机三相线对壳体的绝缘阻值，大于 20MΩ，即为合格，安装时反向操作拆解步骤即可；

❷ 电机安装完成后，检查三相线缆的相序。

3.1.6　电路快检：奇瑞小蚂蚁电机端子检测

下面以奇瑞 EQ1 电动汽车为例，讲解电机相关故障的检修方法。

（1）电机缺相的检测

电机缺相是电机内部某一相或两相因某种原因发生不通电或者电阻值较大的现象，其主要产生的原因可能为电机内某相烧毁、电缆与电机内部绕线断开连接、电缆接头由于未打紧发生烧蚀现象。

❶ 打开控制器小盖板，检查电缆接头有无烧蚀现象（此故障多为接头在安装时未打紧而引起）。维修后一定把图 3-24 中电缆接头紧固到位。

图 3-24　检查电缆接头有无烧蚀

❷ 检查缺相。利用万用表分别检测电机的 A 相与 B 相之间、B 相与 C 相之间、A 相与 C 相之间电阻来判断是否发生缺相。AB、BC、AC 相互之间的差值大于 0.5Ω 即判定为电机缺相，请更换电机。

注意事项： 将维修开关拔掉，打开电机控制器小盖板，将 U、V、W 三相线松开；将万用表打至最小单位刻度挡，测量相间的阻值。

（2）电机系统绝缘故障的检测

出现电机绝缘故障原因为电机内部进水、电机的绝缘层受热失效、爬电距离变小、绕组某处烧蚀对地短接。

当电机系统发生绝缘故障时，常会引起控制器报模块故障，或者是整车绝缘故障。检查电机系统绝缘故障时应将电机系统从整车上脱离（打开控制器的小盖板，将连接到 MCU 的母线螺栓拆掉，将线与安装底座脱开），分别对电机系统的正负对地用绝缘表进行测试，绝缘表测试电压 500V，要求测试时电机温度接近常温，测试结果阻值应大于 20MΩ。若低于此值，则需进一步判定是电机的问题还是控制器的问题，将三相线螺栓拆掉，将线与安装底座脱开，单独对电机进行绝缘测试，如果测试结果阻值低于 20MΩ，判定为电机损坏，请更换电机。否则，请更换控制器。测试工具采用高压绝缘表。

注意： 测量时应注意一头与端子连接，一头与外壳连接，测试电压应选择 500V 挡位。

（3）电机位置传感器信号与温度传感器信号静态测试方法

电机位置传感器负责监控电机转子位置，为电机控制提供位置信号。电机位置传感器采用旋转变压器结构。可能出现故障模式为内部发生短路或者断路。

电机尾端信号线插件端子定义如图 3-25 所示。P1～P6 端子为旋变信号，P7、P8 端子为温度信号，测量电阻值时应 P1、P2 一组，P3、P4 为一组，P5、P6 为一组，P7、P8 一组。

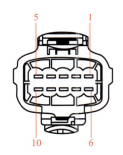

针脚	功能
P1	旋变EXTP_R1
P2	旋变EXTP_R2
P3	旋变EXTP_S1
P4	旋变EXTP_S3
P5	旋变EXTP_S2
P6	旋变EXTP_S4
P7	电机温度传感器TEMP_1
P8	电机温度传感器TEMP_1

图 3-25　电机信号接插件

测试参数如下表 3-1 所示。

表 3-1　测试参数

测量回路	针脚	标准
R1～R2 激励回路	P1、P2	(20±2) Ω
S1～S3 正弦回路	P3、P4	(46±4.6) Ω
S2～S4 余弦回路	P5、P6	(50±5) Ω
电机温度传感器	P7、P8	阻值随温度变化

3.1.7 案例精解：江淮新能源电动车电机工作失效故障

> **故障现象**：江淮新能源电动车车辆抖动、无法行驶。
> **维修过程**：

❶ 进入整车诊断软件驱动电机信息栏里查看电机状态，见图3-26。观察母线电压值是否在350V左右，转向指令和电机当前转向、目标扭矩和电机扭矩是否相同，如驱动电机信息与VCU发出的指令全部一致，车辆无法行驶，可检查电机三相线固定螺栓。

图3-26 驱动电机信息数据

❷ 检查电机旋变线有无退针、断开现象；拔下电机旋变线插头，用万用表测量1、3、5、7、13、14等针脚是否导通。

3.1.8 案例精解：广汽新能源汽车电机过速故障

> **故障现象**：

图3-27 仪表故障提示

❶ 组合仪表报"限速行驶、联系维修""EHPS失效"，见图3-27。

❷ 车辆掉高压电无法ready（此时控制器已关闭IPU，无法再上高压电）。

❸ 断12V负极或者清除故障码后，车辆可以ready，但一挂挡后，车辆无法行驶，明显听到前驱动电机空转的声音。

❹ 检查差减轴与驱动电机结合位置有油迹渗出。

> **维修过程**：

用诊断仪查询系统存在以下故障码，如表3-2所示。

表3-2 整车故障报告

序号	控制器	硬件号	软件号	零件号	故障码	故障类型	定义	状态
1	制动控制系统	8030009BAC020H.0	8030009BAC020S.0	8030009BAC0200	无故障码			
2	助力转向系统	3410006BAC010H.?	3410006BAC010S.?	3410006BAC0100	无故障码			
3	发动机管理系统	1120003BAC1100H.0	1120003BAC1100S.0	1120003BAC1100	P057129	历史的	刹车信号不同步	60
4	辅助安全系统	8040003BAC000H???	8040003BAC000S???	8040003BAC0000	无故障码			
5	电池管理系统				通信异常			
6	前驱电机	1520007BAC0000H.0	1520007BAC0000S.4	1520007BAC0000	P180619	历史的	功率模组过电流	A8
7	前驱电机	1520007BAC0000H.0	1520007BAC0000S.4	1520007BAC0000	P108A10	当前的	电机过速 - 关闭IPU	AF
8	前驱电机	1520007BAC0000H.0	1520007BAC0000S.4	1520007BAC0000	P183470	当前的	电机过速 -2级报警	2F
9	前驱电机	1520007BAC0000H.0	1520007BAC0000S.4	1520007BAC0000	P180317	历史的	发电时高压电压高于udc_max时降功率	68
10	前驱电机	1520007BAC0000H.0	1520007BAC0000S.4	1520007BAC0000	P181216	历史的	发电机高压直流电压低出阈值 - 降功率	28
11	混动控制系统	1110003BAC0300H.E	1110003BAC0300S.E	1110003BAC0300	P16FF00	历史的	BMS 电池包2风扇故障	08
12	混动控制系统	1110003BAC0300H.E	1110003BAC0300S.E	1110003BAC0300	P166F00	历史的	BMS 风扇故障	08
13	混动控制系统	1110003BAC0300H.E	1110003BAC0300S.E	1110003BAC0300	P06A111	历史的	电动空调转速控制线路短到地	08
14	混动控制系统	1110003BAC0300H.E	1110003BAC0300S.E	1110003BAC0300	P109296	历史的	发动机故障级别1	08
15	混动控制系统	1110003BAC0300H.E	1110003BAC0300S.E	1110003BAC0300	P068D00	历史的	选档信号不匹配	08
16	混动控制系统	1110003BAC0300H.E	1110003BAC0300S.E	1110003BAC0300	U10C287	历史的	丢失与充电机的通信超过1s	08
17	混动控制系统	1110003BAC0300H.E	1110003BAC0300S.E	1110003BAC0300	P189496	当前的	驱动电机故障级别3	8B
18	混动控制系统	1110003BAC0300H.E	1110003BAC0300S.E	1110003BAC0300	P166496	当前的	高压电池初始化错误	0B
19	混动控制系统	1110003BAC0300H.E	1110003BAC0300S.E	1110003BAC0300	U10C181	当前的	HVIL线断开	0B
20	混动控制系统	1110003BAC0300H.E	1110003BAC0300S.E	1110003BAC0300	P0CC113	历史的	水泵控制继电器开路	08
21	混动控制系统	1110003BAC0300H.E	1110003BAC0300S.E	1110003BAC0300	P189396	当前的	驱动电机故障级别2	8B
22	集成启动发电机	1520007BAC0000H.0	1520007BAC0000S.4	1520007BAC0000	P171216	历史的	发电机高压直流电压低出阈值 - 降功率	28
23	娱乐系统				通信异常			
24	空调系统	8130004BAC000H??	8130004BAC020S.B	8130004BAC0200	无故障码			

结合上述故障码，能看到很多的当前故障。如当前的/电机过速——2级故障、驱动电机3级故障、HVIL线断开等。当看到有HVIL线断开（即高压互锁线断开）的故障码时，很容易联想到高压互锁问题。是因为高压互锁问题报出驱动电机3级故障，还是因为驱动电机3级的故障引发了高压互锁问题？这时候首先往驱动电机的方向去排查问题。上述故障还有过速故障，所谓的过速实际就是一个没有负载的、超过了峰值转速。

> **故障排除：**

❶ 首先检查驱动电机（旋变/温度）的接插件，见图3-28。检查该接插件是否接插良好。

❷ 检查驱动电机与差减轴的结合面，检查是否有油渗出。如有油渗出且能听见明显的空转声音，则需要重点检查差减轴的状态。

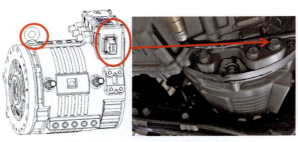

图3-28　检查驱动电机接插件

❸ 如上述2个地方状态良好，测量驱动电机（旋变/温度）插头的旋变值。

1#、12# 针脚的旋变值：15Ω；

2#、11# 针脚的旋变值：36Ω；

3#、10# 针脚的旋变值：36Ω。

如该点的旋变值不符，则可判定该驱动电机内部存在故障。

3.1.9　案例精解：广汽新能源汽车发电机旋变故障

> **故障现象：** 广汽GA3S PHEV、GS4 PHEV车辆在行驶过程中掉高压电，无法ready。组合仪表报"系统故障、联系维修"。关闭钥匙休眠后，仍无法ready。

> **维修过程：** 用诊断仪连接车辆，读取系统故障信息如图3-29所示。

序号	控制器	硬件号	软件号	零件号	故障码	故障类型	定义	状态
1	制动控制系统	8030009BAC020H.0	8030009BAC020S.0	8030009BAC0200	无故障码			
2	助力转向系统	3410006BAC010H.?	3410006BAC010S.?	3410006BAC0100	无故障码			
3	发动机管理系统	1120003BAC1100H.0	1120003BAC1100S.0	1120003BAC1100	无故障码			
4	辅助安全系统	8040003BAC000H???	8040003BAC000S???	8040003BAC0000	U041881	历史的	从BCS收到的车速值无效 或者 BCS_VehSpdVD的值是无效的	28
5	电池管理系统				通信异常			
6	前驱电机	1520007BAC0000H.0	1520007BAC0000S.5	1520007BAC0000	无故障码			
7	混动控制系统	1110003BAC0300H.E	1110003BAC0300S.E	1110003BAC0300	P179296	当前的	发电机故障级别3	AB
8	集成启动发电机	1520007BAC0000H.0	1520007BAC0000S.5	1520007BAC0000	P17A077	当前的	ISG电机反转故障 关闭IPU	AF
9	娱乐系统			8505007BAC0200	无故障码			
10	空调系统	8130004BAC0600H.	8130004BAC0600S.	8130004BAC0600	U042281	历史的	从BCM接收到无效信号	2C
11	组合仪表	8270003BAC0701H.?	8270003BAC0701S.?	8270003BAC0701	无故障码			
12	车身控制模块	8045006BAC010H.?	8045006BAC010S.0	8045006BAC0100	U012987	历史的	BCS1通信报文丢失	28
13	车身控制模块	8045006BAC010H.?	8045006BAC010S.0	8045006BAC0100	U121087	历史的	BCS2通信报文丢失	28
14	车身控制模块	8045006BAC010H.?	8045006BAC010S.0	8045006BAC0100	U121187	历史的	BCS5通信报文丢失	28
15	TBOX	8550003BAC99F0H.	8550003BAC99F0S.	8550003BAC99F0	无故障码			

图3-29　用诊断仪读取的故障信息

根据故障码提示"当前的发电机故障级别 3""当前的 ISG 电机反转故障—关闭 IPU"分析,结合维修手册对应的故障码诊断提示进行检测,如表 3-3 所示。

表 3-3 维修手册对应故障码

DTC	DTC 定义	可能故障原因	维修处理方法
P17A077	ISG 电机反转故障　关闭 IPU	• 扭矩控制异常 • 电机旋变异常	• 检查 HCU 控制扭矩命令 • 检查电机旋变信号电路

👉 **提示:** 涉及到转速类的故障,请首先检查电机的旋变信号是否正常,可通过测量它的旋变阻值来判断,阻值不可超正常值的 ±5Ω。旋变信号针脚定义如图 3-30 所示。

针脚	针脚名	线色	定义
1	+12V	红	12V电源正极
2	R1_ISG	红	ISG激磁信号正极
3	S2_ISG	黄	ISG旋变信号SIN+
4	S1_ISG	白	ISG旋变信号COS+
5	MT1+_ISG	棕	ISG电机温度信号1+
6	IGN(KEY_ON)	红	钥匙信号
7	HVIL_IN	灰	HVIL IN
8	HVIL_OUT	灰	HVIL OUT
9	GND_12V	黑	12V电源负极
10	R2_ISG	黑	ISG激磁信号负极
11	S3_ISG	蓝	ISG旋变信号COS-
12	MT1-_ISG	棕	ISG电机温度信号1-
13	MT3+_ISG	棕	ISG电机温度信号3+
14	MT3-_ISG	棕	ISG电机温度信号3-
15	CANBLO	紫	CANBLO标定
16	OUTPUT	灰	OUTPUT
17	RESOLVER_SH	灰	RESOLVER屏蔽
18	S4_ISG	绿	ISG旋变信号SIN-
19	MT2+_ISG	棕	ISG电机温度信号2+
20	MT2-_ISG	棕	ISG电机温度信号2-
21	CANBHI	绿	CANBHI标定
22	CANALO	绿	CANAHI程序烧写
23	CANAHI	紫	CANALO程序烧写

ISG旋变信号阻值测量表
正旋信号:3#—18#(阻值38Ω)
余旋信号:4#—11#(阻值38Ω)

图 3-30 旋变信号针脚定义

▶ **故障排除:**

❶ 检查发电机旋变接插件是否接插良好,见图 3-31。注意检查该接插件的线束是否断裂或者端子退针。

❷ 检查电机控制器 ISG 通信插头(白色)的接插是否正常,见图 3-32,注意检查该接插件的线束是否断裂或者端子退针。

❸ 如上述接插件、线束表面无异常,则用万用表测量发电机旋变的信号值[ISG 通信插头(白色)]。如测量阻值不符合定义阻值,说明该接插件到发电机这个区间存在故障,可排查电机控制器的故障。往下继续查找。

图 3-31　检查旋变接插件

图 3-32　检查 ISG 通信插头

❹ 拔掉发电机旋变接插件，测量 ISG 通信插头到发电机旋变插头之间的线束是否导通，便于排除中间线束部分的问题。往下继续查找。

❺ 如以上步骤排查均无异常，则可判断发电机内部存在旋变故障，需更换发电机。

▶ 维修小结：

❶ 对于这类反转故障、旋变故障（有关转速类的故障），首先应该检查电机的旋变信号是否正常，即测量它的阻值范围。

❷ 反转故障，也会涉及到电机三相线的接插情况。如果三相线接反，也会报这类故障。可确认该故障车是否为拆卸过三相线返修后安装的，或者是否为刚下线的新车，如果正常行驶着的车辆，一般可排除这类故障的存在。

❸ 出现"发电机反转故障—关闭 IPU"的，一般较常见的故障是发电机旋变的插头松动、发电机旋变的插头与曲轴的插头相互接反、电机控制器 ISG 低压通信插头（白色）内端子退针。

3.2　电机控制器（PCU）

3.2.1　结构秒认：比亚迪多合一电控总成功能与结构

多合一电控总成是比亚迪全新开发的一款纯电动动力总成，总成集成了电机、变速器、电机控制器、PDU、DC-DC、Bi-OBC、VCU、BMS。总成安装位置如图 3-33 所示（封底二维码提供相关参考视频）。

图 3-33　多合一电控总成

多合一电控总成集成部件及功能如表 3-4 所示。

表 3-4 多合一电控总成功能

部件		功能
驱动电机控制器（MCU）		控制动力电池与驱动电机之间能量传输
双向车载充电机（OBC）		把车辆外部充电设备输入的交流电转换成直流电并经调压以满足动力电池包充电的需求，将电池包的高压直流电转换成交流电供负载设备使用
DC-DC		将高压直流电转换成低压直流电，给整车低压负载及蓄电池供电
高压配电模块（PDU）		通过铜排、接触器、保险等器件将电网、电器负载连接成高压回路，将动力电池的高压直流电供给整车高压电器，以及接受车载充电机或非车载充电机的直流电给动力电池充电
驱动电机控制器（MCU）		将驱动电机控制器提供的电能转化为机械能输出至变速器，以及将变速器输入的机械能转换为电能输出至驱动电机控制器
单挡变速器		对动力电机进行减速增扭
VBM（动力域控制器）	整车控制器	具备实时动力计算和动力分配、实时信息交互与集中处理、传感器信号采集及处理功能，同时包括 CAN 通信、故障处理、在线 CAN 烧写、VDS 烧写、与其他模块配合完成整车的工作要求以及自检等功能
	电池管理器（部分功能）	具备高压互锁检测、硬线碰撞检测及直流充电连接确认及通过直流充电子网与充电桩进行信息交互的功能，同时有与 BASU 通信功能

多合一电控总成接口分布如图 3-34 所示。

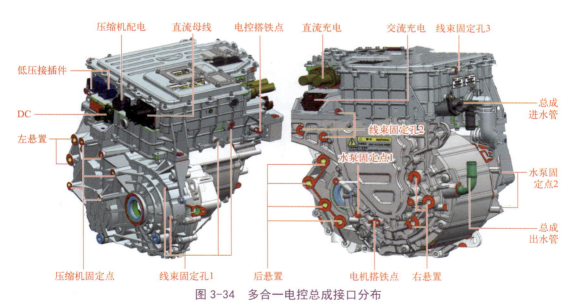

图 3-34 多合一电控总成接口分布

3.2.2 原理秒懂：电机控制器工作原理

电机控制器（power control unit，PCU）是一个将电池的直流电转换为交流电，并驱动电机的设备。由于在交流转换成直流的过程中，交流频率和电压可以改变，控制参数可以有很高的自由度。如图3-35所示为江淮新能源车型的电机控制器结构。

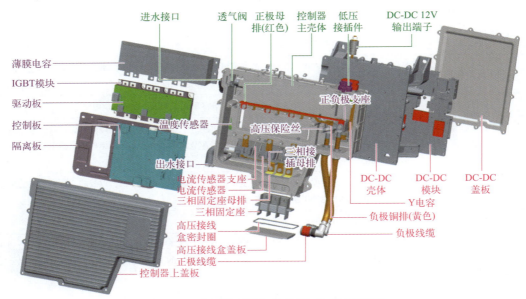

图3-35 电机控制器部件分解（江淮新能源）

PCU将动力电池的直流电转换成电机可用的交流电，电机完成扭矩输出。

VCU基于加速踏板位置信号、挡位信号和车速信号计算车辆的目标扭矩，并通过CAN通信发送扭矩需求指令给PCU。其控制流程如图3-36所示。

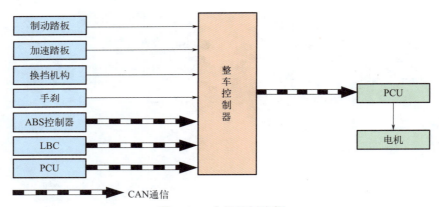

图3-36 电机控制流程

在电机扭矩请求信号由VCU通过整车CAN发送过来的基础上，电机控制器控制电机。电机控制器将电池的直流电转换为交流电，并同时采集电机位置信号和三相电流检测信号，精确地驱动电机，见图3-37。

在减速阶段，电机作为发电机应用。它可以完成由车轮旋转的动能到电能的转换，给电池充电。

如果有故障发生，系统将进入到安全失效模式。

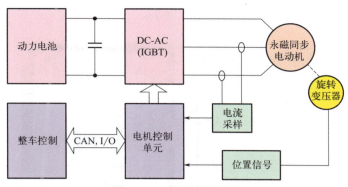

图 3-37 电机控制原理

3.2.3 部件快拆：比亚迪 e6 电机控制器拆装

下面以比亚迪 e6 车型为例，讲解电机控制器（VTOG）的拆卸与安装。

（1）拆装工具与注意事项

❶ 拆装所需工具。诊断仪、旋具（十字螺丝刀）、大棘轮、加长杆、10mm 套筒、小棘轮、8mm 套筒、冷却液盆。

❷ 安装注意事项如下。

a. 安装三相线之前，需先查看三相线线束端插头内是否有冷却液，如果有需要先将冷却液擦拭干净，再安装。

b. VTOG 安装完成，并确认各线束均安装完备后，将维修开关插好。

c. VTOG 在拆装过程中会损失掉部分冷却液，安装完成后，需将冷却液添加到应有的水平。

d. VTOG 安装完成后，由于仪表需要与 VTOG 匹配，所以需要断开蓄电池，然后再接上，重新上 OK 挡电，观察 OK 灯是否可以点亮，整车是否可以正常运行。

e. 需要对整车进行充电尝试，观察车辆是否可以正常充电，仪表是否有正常显示。

f. VTOG 安装完成后，需清除 has-hev 和 ESC 的故障码，然后退电，6min 后再上电确认整车状态。

（2）电机控制器拆卸步骤

❶ 拆卸 VTOG 之前，需通过诊断仪清除原车原 VTOG 上的电机防盗。

a. 连接上诊断仪。

b. 选择 G6 车型，进入。

c. 进入 G6 车型后，选择防盗匹配进入，见图 3-38。

d. 选择 ECU 密码清除，根据诊断仪的提示进行相应的操作。

e. 清除密码后，需等待 10s 后再断电，保证电机防盗密码清除成功。

❷ 断开维修开关，流程如图 3-39 所示。

a. 打开车辆内室储物盒，并取出内部物品。

b. 取出储物盒底部隔板。

c. 使用旋具（十字螺丝刀）将安装盖板螺钉（4 个）拧下，并掀开盖板。

d. 取出维修开关上盖板。

e. 拉动维修开关使手柄呈竖直状态，向上提拉，取出维修开关。

f. 使用电工绝缘胶布封住维修开关接插件母端。

图 3-38　清除电机防盗

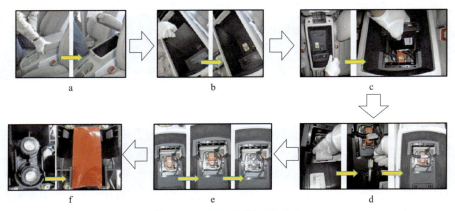

图 3-39　断开维修开关步骤

❸ 将 VTOG 后面的 5 个高压接插件拔下来，流程如图 3-40 所示。

a. 将二次锁死机构（绿色塑料卡扣）向外推，取下。

b. 按住接插件上的卡扣，将接插件用力向外拔出。注意：接插件不能硬拔，空间较小，应注意防护手部。

图 3-40　拔取高压接插件流程

❹ 将 VTOG 侧面的低压接插件拔下来，如图 3-41 所示。

a. 前舱盖板固定好。

b. 拔出低压接插件（先解除二次锁死机构）。注意：拔低压接插件时需要先松开锁紧保险，注意力度，不要损坏锁紧装置。

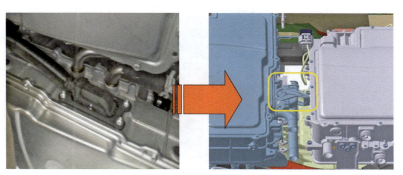

图 3-41　取下低压接插件

❺ 拆卸 VTOG 安装固定螺栓（图 3-42）。

a. 拧开 VTOG 固定螺栓（共 5 个固定螺栓），需要用到的工具包括大棘轮、加长杆、10mm 套筒。

b. 后面两个螺栓比较难拆，需要将手伸到 VTOG 后面，通过大棘轮和 10mm 套筒配合使用，无需加长杆。

图 3-42　取下控制器固定螺栓

❻ 如图 3-43 所示，拆卸搭铁线螺栓，搭铁在 VTOG 的右侧，需要使用棘轮和 10mm 套筒。注意：力矩不用太大，防止拧坏搭铁线。

图 3-43　拆卸搭铁线螺栓

❼ 如图 3-44 所示，拆卸固定水管螺栓，水管的两个固定螺栓在 VTOG 前侧，都需要使用小棘轮和 8mm 套筒拆下。注意：力矩不用太大，防止拧断螺栓。

图 3-44 拆卸水管固定螺栓

❽ 拆卸水管软管。

a. VTOG 有两个水管软管，上为进水管，下为出水管，需用卡箍钳将卡箍钳下。

b. 将水管拔出。先拆上面的卡箍，拔出水管，后拆下面的卡箍，拔出水管，见图 3-45。注意：需要用冷却液盆接住冷却液，防止飞溅流失，防止高压件进水。

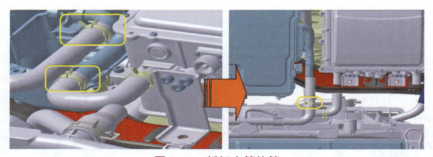

图 3-45 拆卸水管软管

❾ 拆卸三相线螺栓。

a. 搭 VTOG 三相线需最后拆卸，用大棘轮、加长杆、10mm 套筒，将三相线的固定螺栓拆下，见图 3-46。

b. 用力向下将三相线接插件拔下。注意：拔下三相线时需注意，防止冷却液进入三相线的接插件。

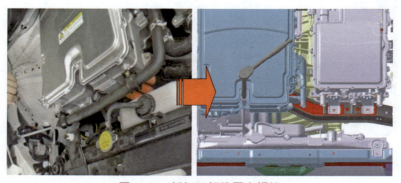

图 3-46 拆卸三相线固定螺栓

⑩ 取出 VTOG。以上步骤完成后，即可将 VTOG 搬出前舱。

（3）电机控制器安装步骤

❶ VTOG 安装，操作步骤如图 3-47 所示。

a. 安装 VTOG 固定螺栓。

b. 安装 VTOG 后侧的 5 个高压接插件。

c. 安装三相线，将三相线对准 VTOG 的三相线对接口，向上将三相线顶入接插件，随后用螺栓将三相线打紧。

d. 安装低压接插件，将低压接插件线束端与板端对接好，然后把卡扣掰回原来卡死的位置，听到"咔哒"声后，将接插件轻轻向外拉一下，检查是否接好。

e. 安装 VTOG 搭铁。

f. 安装 VTOG 固定水管。

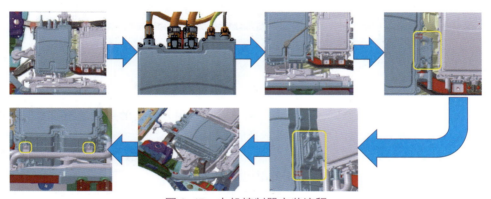

图 3-47　电机控制器安装流程

❷ VTOG 安装匹配。

a. 连接诊断仪。

b. 进入 G6 车型。

c. 找到防盗匹配选项进入，见图 3-48。

d. 进入 ECU 防盗匹配。

e. 按照匹配步骤将钥匙放在点火开关处。

f. 匹配完成后，待 10s 再退电，保证匹配完成。

封底二维码提供相关参考视频。

图 3-48　防盗匹配

3.2.4 电路快检：江铃 E200 电动车 TMC 端子检测

如何判断电机控制器正常与否，下面以江铃 E200/E200S 车型为例讲解检测与判别方法。

（1）电机控制器检测方法之一

电机控制器连接端子针脚排列如图 3-49、图 3-50 所示。

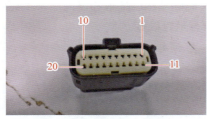

图 3-49　J2 护套

顺序从右往左为 1→10，11→20

图 3-50　电机控制器接插件

1）电机控制器检测方法

❶ 1 号针脚是 12V−（地线），万用表打到导通挡，用万用表的黑表笔搭车身上的螺栓，红表笔放在 1 号针脚上，此时 1 号针脚与车身地是导通的。

❷ 11 号针脚是 12V+，万用表打到直流电压挡，钥匙拧到 ON 挡，万用表的黑表笔搭车身上的螺栓，红表笔放在 11 号针脚上，此时电压为 13.5V。

❸ 2 号针脚是加速辅信号输入，万用表打到直流电压挡，钥匙拧到 ON 挡，万用表的黑表笔搭车身上的螺栓，红表笔放在 2 号针脚上，此时电压为 0.35V。

❹ 18 号针脚是加速主信号输入，万用表打到直流电压挡，钥匙拧到 ON 挡，万用表的黑表笔搭车身上的螺栓，红表笔放在 18 号针脚上，此时电压为 0.7V。

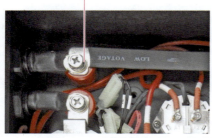

图 3-51　高压 146V 测试点

❺ 10 号针脚是 146V+，万用表打到直流电压挡，钥匙拧到 Start 挡，万用表的黑表笔搭 146V−（图 3-51），红表笔放在 10 号针脚上，此时电压为 146V。

❻ 13 号针脚是倒挡信号输入，万用表打到直流电压挡，钥匙拧到 ON 挡，挂上倒挡，万用表的黑表笔搭车身上的螺栓，红表笔放在 13 号针脚上，此时电压为 13.5V。

❼ 14 号针脚是前进挡信号输入，万用表打到直流电压挡，钥匙拧到 ON 挡，挂上前进挡，万用表的黑表笔搭车身上的螺栓，红表笔放在 14 号针脚上，此时电压为 13.5V。

2）判断电机控制器正常与否

❶ 若 1 号、2 号、10 号、11 号、18 号针脚电压都正常，当把钥匙拧到"START"挡，仪表上"READY"符号不显示，则应是电机控制器的故障。

❷ 当把钥匙拧到"START"挡后，仪表"READY"符号显示，同时动力切断符号熄灭，

听到放电继电器"嘀嗒"的声音,把钥匙松掉,回到"ON"挡,这时"READY"符号熄灭,动力切断符号亮起,放电继电器断开。此故障:a.电机控制器故障;b.放电继电器的故障/高压保险熔断。

❸ 把钥匙拧到"START"挡后,仪表上"READY"符号显示,挂前进挡,踩加速踏板,车辆不行驶,应检查2号、18号针脚的电压是否会随着踩加速踏板的行程电压值而发生变化,检查14号/13号针脚的电压是否为13.5V。

注:当挡位已挂上前进或倒挡,把加速踏板踩到底时,2号针脚的电压值应为1.9V;18号针脚的电压值为3.8V;若这两个针脚的电压不变化,车辆是不能行驶的。此故障为整车控制器故障(前提是线路正常)。

当挂倒挡,13号针脚的电压为0;挂前进挡,14号针脚的电压为0,车辆也是不能行驶的。应检查保险盒里的挡位器保险(10A)是否烧坏及换挡器到电机控制器13、14号针脚的线有没有导通。

(2)电机控制器检测方法之二

以江铃新能源E200车型为例。

1)电机控制器检测方法

把电机控制器上面盖板的螺栓拆掉后,再把正负极动力线及相线拆掉,即可更换电机控制器,见图3-52。

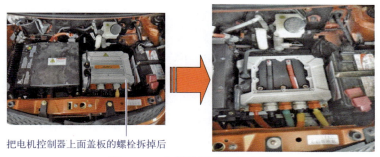

把电机控制器上面盖板的螺栓拆掉后

图3-52 电机控制器更换方法

如图3-53所示,把卡扣往外推,即可把接插件拔出。

电机控制器接插件针脚排列如图3-54所示。

图3-53 接插件拆取方法　　　　图3-54 电机控制器接插件

❶ 1号针脚为高压144V,万用表I表笔放在该针脚上,黑表笔放在高压箱内负极端,

把钥匙拧到"START"挡，测量电压为 144V。

❷ 6 号针脚为加速踏板输出辅信号，为 0.35V（钥匙拧到 ON 挡状态下测量）。

❸ 7 号针脚为加速踏板输出主信号，为 0.7V（钥匙拧到 ON 挡状态下测量）。

❹ 16 号针脚为 12V- 信号，万用表打到导通挡，与车身搭铁进行测量，导通。

❺ 23 号针脚为 12V+信号，万用表打到电压挡，红表笔放在该针脚上，黑表笔放在车身地，钥匙拧到 ON 挡，此时测量的电压为 12V。

❻ 21 号针脚为放电继电器 12V-，控制放电继电器线圈端。

❼ 8 号针脚为刹车信号，踩下制动踏板，此针脚电压为 12V。

❽ 12 号针脚为 CAN-H 信号线。

❾ 14 号针脚为加速踏板 5V- 信号；

❿ 3 号针脚为 EPS 输出信号。

⓫ 4 号针脚为"START"挡信号，把钥匙拧到 START 挡，该针脚电压为 12V+。

⓬ 5 号针脚为 CAN-L 信号线。

2）判断电机控制器正常与否。

❶ 若 1 号、6 号、7 号、16 号、23 号针脚电压都正常，当把钥匙拧到"START"挡，仪表上"READY"符号不显示，则应是电机控制器的故障。

❷ 当把钥匙拧到"START"挡后，仪表"READY"符号显示，同时动力切断符号熄灭，听到放电继电器"嘀嗒"的声音，把钥匙松掉，回到"ON"挡，这时"READY"符号熄灭，动力切断符号亮起，放电继电器断开。此故障：a. 电机控制器故障；b. 放电继电器的故障/高压保险熔断；c.12V+ 电源没到放电继电器。

❸ 把钥匙拧到"START"挡后，仪表上"READY"符号显示，挂前进挡，踩加速踏板，车辆不行驶，应检查 6 号、7 号针脚的电压是否会随着踩加速踏板的行程电压值发生变化，检查 11 号 /10 号针脚的电压是否为 13.5V。

特别提示： 当挡位已挂上前进或倒挡，把加速踏板踩到底时，6 号针脚的电压值应为 1.9V；7 号针脚的电压值为 3.8V；若这两个针脚的电压不变化，车辆是不能行驶的。此故障为整车控制器故障（确定故障前先检查整车控制器的工作电源是否正常）。

当挂倒挡，10 号针脚的电压为 0V；挂前进挡，11 号针脚的电压为 0V 时，车辆也是不能行驶的。应检查保险盒里的挡位器保险（10A）是否烧坏及换挡器到电机控制器 10、11 号针脚的线有没有导通。

3）整车控制器安装位置（图 3-55）

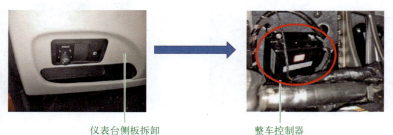

仪表台侧板拆卸　　　　整车控制器

图 3-55　整车控制器安装位置（江铃 E200）

3.2.5 故障速诊：比亚迪唐 DM 电机控制器数据流分析

以比亚迪唐为例，电机控制器出现故障时，整车通常表现为无 EV 模式，仪表报"请检查动力系统"，检测故障时，需用诊断仪进入"电机控制器"模块读取数据流，见图 3-56，有两种情况：一种为"系统无应答"，需要进行全面诊断；另一种能读取相应故障码，则根据相应故障码进行诊断。

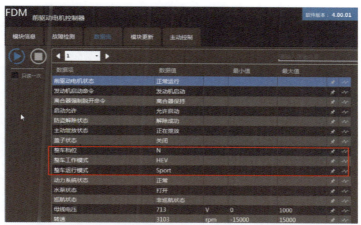

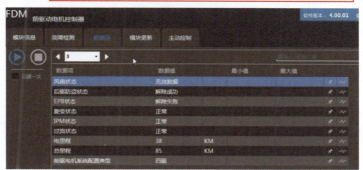

图 3-56　前驱动电机控制器数据流（比亚迪唐）

3.2.6 故障速诊：比亚迪唐 DM 电驱系统诊断流程

（1）读取"系统无应答"时诊断流程

检查低压接插件相关的引脚，端子说明见表 3-5。若有异常，可检查相应的低压回路，包括电源、接地、CAN 通信等。

表 3-5 低压接插件端子说明

端子	信号	检测条件	正常值
B51-60/62 ～ B51-61	VCC 外部 12V 电源	ON 挡	10 ～ 14V
B51-36 ～ B51-37	CANL CAN 信号低	OFF 挡（断蓄电池）	54 ～ 69Ω

（2）可读取故障码的诊断流程

❶ 故障码报 "P1B0100——IPM 故障"，先查询驱动电机控制器的程序版本信息，确认故障码是否能清除，然后再尝试多次上 OK 挡电试车，看故障是否会重现。

检测直流母线到三相线的管压降是否正常，若不正常，更换驱动电机控制器与 DC 总成；若正常，确认是否还报其他故障码，根据其他故障码进行排查。若依旧无效，则更换驱动电机控制器与 DC 总成，直流母线到三相线的管压降测量方法见表 3-6。

表 3-6 管压降测量方法

端子	万用表连接	正常值
三相线 A/B/C—直流母线正极	正极—负极	0.32V 左右
直流母线负极—三相线 A/B/C	正极—负极	0.32V 左右
三相线 A/B/C—与车身地阻抗	正极—负极	10MΩ

❷ 故障码报 "P1B0500——高压欠压"，先查询驱动电机控制器的程序版本信息，确认故障码是否能清除，然后再尝试多次上 OK 挡电试车，看故障是否会重现。

a. 读取动力电池电压，若小于 400V，则对动力电池、高压配电箱和高压线路进行检查。

b. 用诊断仪读取电机控制器直流母线电压（正常值为 400 ～ 820V），同时对比 DC 母线电压，若都不正常，则检查动力电池、高压配电箱和高压线路。

c. 若驱动电机控制器母线电压和 DC 高压侧电压，一个正常，一个不正常，则更换驱动电机控制器与 DC 总成。

❸ 旋变信号异常检查，出现故障码见表 3-7，应检查低压接插件。

表 3-7 前驱电机旋变异常故障码

故障码	故障含义
P1BBF00	前驱动电机旋变故障——信号丢失
P1BC000	前驱动电机旋变故障——角度异常
P1BC100	前驱动电机旋变故障——信号幅值减弱

a. 退电 OFF 挡，拔掉电机控制器低压接插件。

b. 测 B51-44 和 B51-29，电阻为（8.3±2）Ω。测 B51-45 和 B51-30，电阻为（16±4）Ω；测 B51-46 和 B51-31，电阻为（16±4）Ω。所测阻值如图 3-57 所示。

(a) B51-44 脚与 29 脚之间阻值

(b) B51-45 脚与 30 脚之间阻值

(c) B51-46 脚与 31 脚之间阻值

图 3-57 测量低压接插件阻值

c. 如果所测电阻正常，则检查电机旋变接插件是否松动，如果没有松动，则为动力总成故障。

❹ 前驱电机控制器温度过高故障检测，故障码见表 3-8。

表 3-8 前驱电机温度过高故障码

故障码	故障内容
P1BB300	前驱动电机控制器 IGBT 过温告警
P1BB400	前驱动电机控制器水温过高报警
P1BC700	前驱动电机控制器 IPM 散热器过温故障
P1BC800	前驱动电机控制器 IGBT 三相温度校验故障报警

a. 电机冷却系统防冻液不足或有空气。

b. 电机电动水泵不工作。

c. 电机散热器堵塞。

d. 前驱动电机控制器与 DC 总成。

❺ 故障码报"P1B0900：开盖保护"，先查询驱动电机控制器的程序版本信息，确认故障码是否能清除，然后再尝试上 OK 挡电试车，看故障是否会重现。检测控制器盖子是否打开，更换驱动电机控制器与 DC 总成。

❻ 电机缺相、电机过流故障检测，故障码见表 3-9。

表 3-9 电机缺相、电机过流故障码

故障码	故障内容
P1BC200	前驱动电机缺 A 相
P1BC300	前驱动电机缺 B 相
P1BC400	前驱动电机缺 C 相
P1B0000	前驱动电机过流

❼ 检查电机三相线。

a. 退电 OFF 挡，取下维修开关，拔掉电机三相线高压插件。

b. 电机 A、B、C 三相高压线之间阻值为（0.36±0.02）Ω。阻值如图 3-58 所示。

图 3-58　测量三相高压线之间阻值

c. 如果所测电阻异常，则检查接插件是否松动，如果没有松动，则为动力总成故障。

3.2.7　案例精解：比亚迪唐 DM 电机控制器高温故障

▶ **故障现象：**

比亚迪唐车辆在满电状态下 EV 模式行驶几分钟后，突然自动切换到 HEV 模式，人为也无法再切回 EV 模式，仪表没有故障提示。使用 ED400 或 VDS1000 读取到在车辆切换 HEV 瞬间，驱动电机控制器中的 IGBT 温度达到 100℃。

▶ **维修过程：**

在驱动电机控制器及 DC 总成内部，有三组单元在工作时会产生热量，分别为 IPM（控制器内部智能功率控制模块）、IGBT（电机驱动模块）、电感，因此，在驱动电机控制器及 DC 总成内部有相应的水道对这三个部分进行冷却。导致 IGBT 高温报警的原因有：

❶ 电机冷却系统防冻液不足或有空气；

❷ 电机电动水泵不工作；

❸ 电机散热器堵塞；

❹ 驱动电机控制及 DC 总成本身故障。

▶ **故障排除：**

❶ 使用 ED400 或 VDS1000 读取驱动电机数据流，水泵工作不正常。

❷ 检查散热风扇正常启动、运行。

❸ 检查过程中发现在 OK 电下动水泵不工作，致使 IGBT 温度迅速上升。

❹ 仔细检查发现水泵搭铁出现断路故障，通过排查找到断路点。重新装配好试车，故障排除。

▶ **维修小结：**

工作温度超过一定范围时，驱动电机控制器及 DC 总成就会检测到，同时经过 CAN 网络传递给发动机 EMS，EMS 驱动冷却风扇继电器后，冷却风扇工作来快速冷却防冻液，降低温度，以下为冷却风扇工作条件。

❶ 电机水温：47～64℃低速请求；＞64℃高速请求。

❷ IPM：53～64℃低速请求；＞64℃高速请求；＞85℃报警。

❸ IGBT：55～75℃低速请求；＞75℃高速请求；＞90℃限制功率输出；＞100℃报警。
❹ 电机温度：90～110℃低速请求；＞110℃高速请求。
满足3个低速请求，冷却风扇低速转动；满足1个高速请求，冷却风扇高速转动。

3.2.8 案例精解：比亚迪唐DM电机控制器与DC总成故障

▶ **故障现象：**

比亚迪唐车辆上电OK灯点亮，SOC为83%，EV模式行驶中自动切换到HEV，发动机启动，无法使用EV模式，仪表提示"请检查动力系统"。

▶ **故障排除：**

❶ 用诊断仪读取整车各模块软、硬件版本号，整车故障码并记录。
❷ 清除整车故障码后对车辆重新上电。
❸ 试车，故障再次出现，读取数据流，驱动电机控制器报P1B1100：旋变故障，为信号丢失；P1B1300：旋变故障，为信号幅值减弱。
❹ 在驱动电机控制器62pin接插件线束端，分别测量电机旋变阻值正常。参考标准：正弦（16±4）Ω、余弦（16±4）Ω、励磁（8.3±2）Ω。
❺ 检查驱动电机控制器62pin接插件端子、旋变小线端子，正常。
❻ 更换驱动电机控制器与DC总成后，车辆恢复正常。

▶ **维修小结：**

更换前驱动电机控制器及DC总成，需要进行防盗编程及标定，具体如下。
❶ 更换必须对旧控制器ECM密码清除，见图3-59。
❷ 安装新控制器需ECM编程，如图3-60所示。

图3-59 进行ECM密码清除

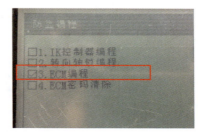

图3-60 进行ECM编程

❸ ECM编程完成退电5s，重新上电。对电机系统配置设置，见图3-61。

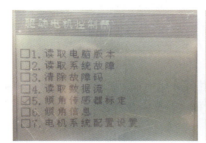

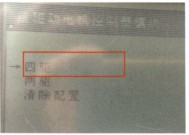

图3-61 电机系统配置设置

❹ 读取倾角信息，如图 3-62 所示。

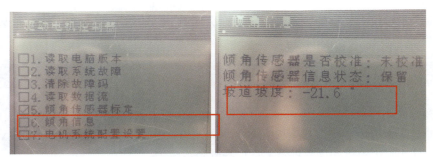

图 3-62　读取倾角信息

提示：在车辆处于水平时读取倾角数值，确认是否正常（坡道坡度正常值：0°）；如有偏差，则进行倾角标定。

图 3-63　确认刹车信号

❺ 确认刹车信号是否正常　标定完毕后车辆退电，5s 后重新上电。读取数据流，确认刹车信号是否正常，不踩刹车时信号为 0，见图 3-63。

注：如果数据异常，则需进行刹车起点标定，标定方法如下所示。

a. 整车上 ON 挡电（特别注意不要上 OK 电，否则车辆在进行第 2 步时会有向前冲的危险）；不要踩刹车（有制动开关信号就无法标定）。

b. 深踩油门（50%～100%），持续 5s 以上，电控便可自动标定。

c. 正常退电一次延迟 5s 再上电。

3.3　混动变速器（DHT）

3.3.1　结构秒认：国产混动用 DHT 结构分析

　　DHT（dedicated hybrid transmission）既是专用混合动力变速箱的英文缩称，同时也指一种混动技术。凡搭载 DHT 的混动系统，我们称其为 DHT 混动系统。目前主流的 DHT 混动系统大都拥有混动专用发动机、双电机及控制器以及定轴式或行星齿轮组式变速箱，如图 3-64 所示。

　　柠檬 DHT 电驱动系统由 3 个平行齿轮组（发动机两挡 G2 和 G3、驱动电机 TM 单挡 G1）和对应的选挡机构 S1、发动机脱离离合器 C1 、发电机 GM 及驱动电机 TM 组成，如图 3-65 所示。

　　吉利研发的雷神智擎 Hi·X 混动系统的 DHT Pro 通过独特的双排行星齿轮组可以实现 3

挡布局。双电机及控制器安装位置如图 3-66 所示。

图 3-64　长城柠檬 DHT 混动系统组成部件示意图

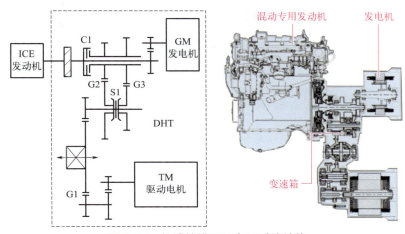

图 3-65　长城柠檬 DHT 电驱系统结构

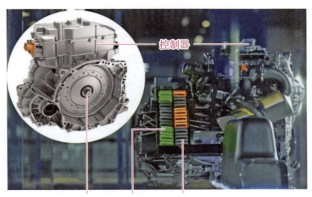

图 3-66　雷神智擎 Hi·X 混动系统中的 DHT Pro 示意图

以吉利星越 L 雷神 Hi·X 车型为例，DHT 总成安装位置如图 3-67 所示。

图 3-67　吉利星越 L 雷神 Hi·X 混动变速机构

3.3.2　原理秒懂：国产混动用 DHT 技术原理

长城柠檬混动 DHT 混动工作模式根据系统负荷、驾驶意图、电池电量等因素，可分为纯电驱动模式、串联模式、一挡直驱模式（低速巡航）、一挡直驱模式（性能直驱）、二挡直驱模式（高速巡航）、能量回收模式。系统工作原理如图 3-68 所示。

以吉利星越 L Hi·X 搭载的 DHT Pro 为例，该变速器是湿式双离合器变速器，配置 3 个前进挡。机械传动效率最高达 97.5%。DHT Pro 变速器由双离合器系统、双电机系统、轴齿系统、集成式 PCM、液压模块和电子双联泵组成。

DHT Pro 变速器有双电机系统，可实现串联、并联、纯电、能量回收等不同工作模式。轴齿系统具有双行星排，设计提供三个挡位，可使发动机更好地运行在高效区。柱轴承和球轴承用来实现低损耗，轴齿采用高重合度设计，具有优异的 NVH 性能及领先的传动效率。集成式 PCM 包含电机控制器和变速器控制器（TCM），具有以下优点：

❶ 高集成度：逆变器 + TCU。
❷ 双面水冷技术，功率密度达到 30kW/L。
❸ 采用定制 IGBT 模块，系统最高效率 ≥ 99.2%。
❹ 新一代六核处理器，可运行在 300MHz，支持定点和浮点运算。

通过控制电磁阀的开闭、开度等，借助液压系统可实现如下功能。

❶ 实现变速器离合器接合及分离控制。
❷ 实现变速器自动选换挡、模式切换等功能。

DHT Pro 变速器共有 7 种工作模式：纯电动模式、串联混动模式、并联混动模式、全功率驱动模式、发动机驱动 / 行车驱动、怠速充电、能量回收。不同车速下变速器处于不同的工作模式，如图 3-69 所示。

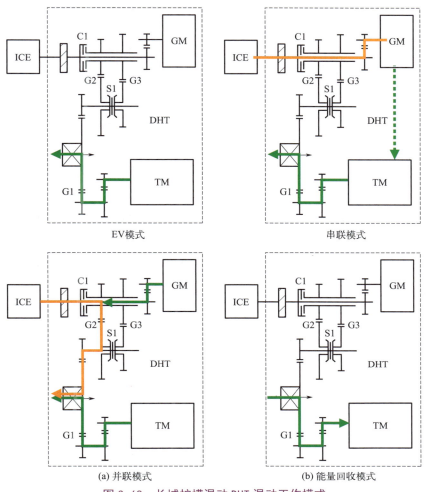

图 3-68 长城柠檬混动 DHT 混动工作模式

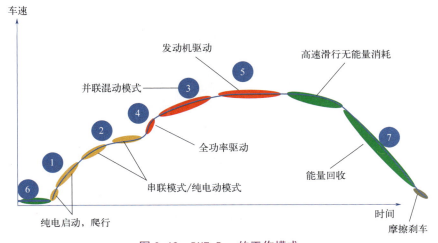

图 3-69 DHT Pro 的工作模式

通过控制制动器和离合器,每种模式可实现三种速比。混动变速器内部结构如图 3-70

所示，制动器与离合器工作状态如表 3-10 所示。

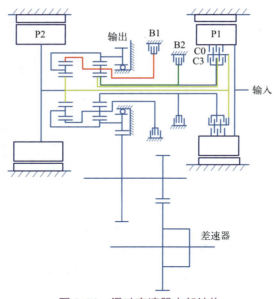

图 3-70 混动变速器内部结构

表 3-10 不同挡位制动器与离合器工作状态

	B1	B2	C3
1 挡	√		
2 挡		√	
3 挡			√
倒挡	√		

1 挡：B1 制动器结合（红色路径）

P2 电机 / 发动机→后行星排太阳轮→行星机构总成→输出齿圈

2 挡：B2 制动器结合（绿色路径）

P2 电机 / 发动机→后行星排太阳轮→后行星排行星轮→前行星排行星轮→输出齿圈

3 挡：C3 离合器结合（黄色路径）

P2 电机 / 发动机→后行星排太阳轮→输出齿圈

（1）纯电动模式（图 3-71）

动力传递路径：动力电池→ PCM → P2 电机→行星机构→输出轴→差速器→轮端。

（2）串联混动模式（图 3-72、图 3-73）

动力传递路径（一）：

- 动力电池→ PCM → P2 电机→行星机构→输出轴→差速器→轮端。
- 发动机→ C_0 离合器→转子→ PCM → P2 电机。

动力传递路径（二）：

- 动力电池→ PCM → P2 电机→行星机构→输出轴→差速器→轮端。

- 发动机→ C_0 离合器→转子→ PCM →动力电池（充电）。

图 3-71　纯电动模式

图 3-72　串联混动模式一

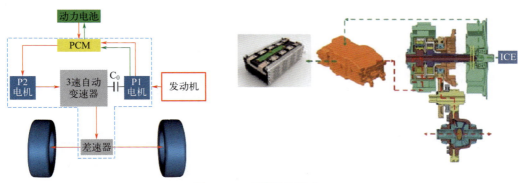

图 3-73　串联混动模式二

（3）并联混动模式（图 3-74）

动力传递路径：

- 动力电池→ PCM → P2 电机→行星机构→输出轴→差速器→轮端。
- 发动机→行星机构→输出轴→差速器→轮端。

（4）全功率驱动模式（图 3-75）

动力传递路径：

- 动力电池→ PCM → P2 电机→行星机构→输出轴→差速器→轮端。
- 动力电池→ PCM → P1 电机→行星机构→输出轴→差速器→轮端。

- 发动机→行星机构→输出轴→差速器→轮端。

图 3-74 并联混动模式

图 3-75 全功率驱动模式

（5）发动机驱动/行车驱动（图 3-76）

动力传递路径：

- 发动机→行星机构→输出轴→差速器→轮端。
- 发动机→ C_0 离合器→转子→ PCM →动力电池（充电）。

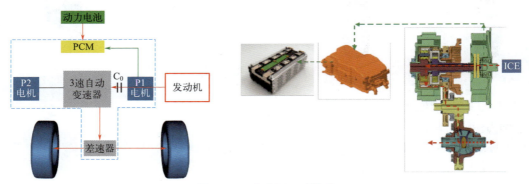

图 3-76 发动机驱动模式

（6）怠速充电模式（图 3-77）

动力传递路径：发动机→ C_0 离合器→转子→ PCM →动力电池（充电）。

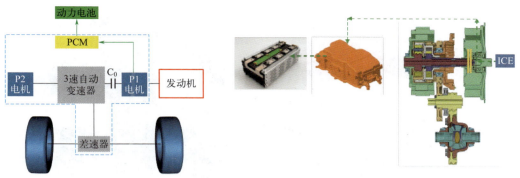

图 3-77　怠速充电模式

（7）能量回收模式（图 3-78）

动力传递路径：轮端→差速器→输出轴→行星机构→P2 电机转子→ PCM →动力电池（充电）。

图 3-78　能量回收模式

3.3.3　结构秒认：比亚迪 DM6HDT45 混动变速器

以比亚迪 DM 系列插电混动车型为例，其搭载的 6HDT45 为六挡湿式离合变速器，该变速器最大扭矩为 450Nm，可以工作于纯燃油驱动、纯电动与混合动力三种模式下，变速器整体结构如图 3-79 所示。

电液控制模块集成了各种传感器，用于采集变速器的各种工况信息，然后反馈给大脑（TCU），大脑做出恰当的判断后，通过电磁阀控制油压实现相应的机械动作。液压模块中还有一个压力释放阀，它防止油压升至足以损坏液压选择阀的程度。

电液模块内有 11 个电磁阀 [系统详情请扫码（见封底说明）查阅拓展案例]。

主压力控制阀 3 一般处于作用位置，5Ω 电阻调节系统主油压。根据引擎转速和引擎温度来调节主油压。如失效，会进入关闭位置，主油压会维持在最高值。

离合器 1 压力控制阀 1 一般处于限压位置，大约 5Ω 电阻调节 K1 离合器的油压。随引擎扭矩而变化。它的失效会导致离合器提前损坏。如在作用位置上失效，在车辆刹车时会导致引擎熄火。

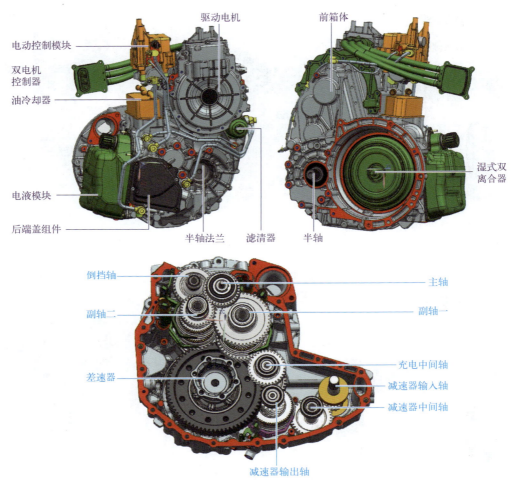

图 3-79 比亚迪 6HDT45 变速器结构

离合器 2 压力控制阀 2 一般处于限压位置，大约 5Ω 电阻调节 K2 离合器的油压。随引擎扭矩而变化。它的失效会导致离合器提前损坏。如在作用位置上失效，在车辆刹车时会导致引擎熄火。

润滑冷却控制阀一般处于作用位置，5Ω 电阻调节 2 个离合器的冷却油压。离合器油温发送器作用在此电磁阀上。在最小流量位置上失效会使离合器过热。在最大流量位置上失效，则会在周边温度较低时产生入挡结合困难。

4 个开关换挡电磁阀，大约 8Ω 电阻，四个电磁阀通用。

1/5 挡开关阀（促动器阀 1）或换挡电磁阀为常闭型开关电磁阀，在 1 挡和 5 挡时传送油压。

3/N 挡开关阀（促动器阀 2）或换挡电磁阀为常闭型开关电磁阀，在 3 挡和空挡时传送油压。

6/2 挡开关阀（促动器阀 3）或换挡电磁阀为常闭型开关电磁阀，在 2 挡和 6 挡时传送油压。

R/4 挡开关阀（促动器阀 4）或换挡电磁阀为常闭型开关电磁阀，在 4 挡和倒挡时传送油压。

多路转换阀是一种常闭型开关电磁阀，大约 15～20Ω 电阻用来推动阀体中的多路转换阀，使挡位执行元件选择不同的挡位。

安全阀 1 一般处于作用位置，5Ω 电阻用来隔离第 1 部分齿轮传动系的安全电磁阀，使这部分传动系无法得到挡位。如失效，则只有 2、4、6 挡。

安全阀2一般处于作用位置，5Ω电阻用来隔离第2部分齿轮传动系的安全电磁阀，使这部分传动系无法得到挡位。如失效，则只有1、3、5、R挡存在。

变速器各挡位动力传递路线如图3-80所示。

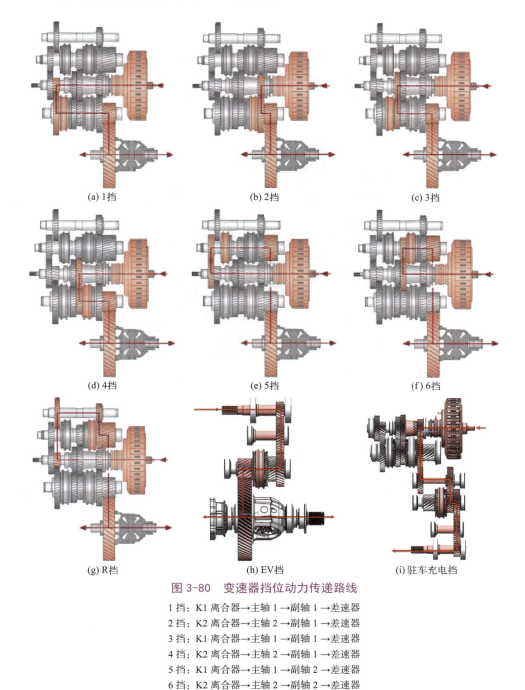

(a) 1挡　　(b) 2挡　　(c) 3挡

(d) 4挡　　(e) 5挡　　(f) 6挡

(g) R挡　　(h) EV挡　　(i) 驻车充电挡

图3-80　变速器挡位动力传递路线

1挡：K1离合器→主轴1→副轴1→差速器
2挡：K2离合器→主轴2→副轴1→差速器
3挡：K1离合器→主轴1→副轴1→差速器
4挡：K2离合器→主轴2→副轴1→差速器
5挡：K1离合器→主轴1→副轴2→差速器
6挡：K2离合器→主轴2→副轴2→差速器
R挡：K1离合器→主轴1→副轴2→差速器
EV挡：驱动电机→减速器输入轴→减速器中间轴→减速器输出轴→差速器
驻车充电挡：K2离合器→主轴2→副轴1→充电中间轴→差速器输出轴→减速器中间轴→减速器输入轴→驱动电机

3.3.4 原理秒懂：比亚迪 EHS 系统原理

EHS 系统是 DM-i 超级混动的核心，集成了发电机、驱动电机、双电控（可单独更换）、离合器以及液压系统，如图 3-81 所示。发电机由发动机带动发电，产生的电能可通过驱动电机驱动车轮转动以及给整车低压用电器供电，还能给动力电池包充电。驱动电机可以利用发电机产生的电能以及电池包的电能来驱动车辆，双电控则控制着发电和驱动两个过程。离合器通过结合和分离可实现发动机发电和直驱两种模式的转换。液压系统则通过油路实现齿轮和轴的润滑以及电机的降温。封底二维码提供相关参考视频。

图 3-81 EHS 系统组成

EHS 各工作模式下部件工作状态及动力流传递路径如表 3-11 所示。

表 3-11 EHS 工作模式

工作模式	离合器状态	动力源	传力路径
EV 纯电模式	脱开	驱动电机	驱动电机→副轴→差速器
HEV 串联模式	脱开	发动机 + 驱动电机	发动机→离合器→发电机轴→发电机→逆变器（DC）→驱动电机→副轴→差速器
HEV 并联模式	结合	发动机 + 驱动电机	路线一：发动机→离合器→主轴→副轴→差速器 路线二：驱动电机→副轴→差速器

双电控功能包括发电机控制器 + 驱动电机控制器 + 双向 DC+ 配电接口。发电机控制器由输入输出接口电路、控制电路和驱动电路组成，主要功能是驱动发电机发电，同时包括 CAN 通信、故障处理、在线 CAN 烧写、与其他模块配合完成整车的工作要求以及自检等功能。驱动电机控制器是控制动力电池与电机之间能量传输的装置。它由输入输出接口电路、

控制电路和驱动电路组成,主要功能是控制驱动电机,驱动车辆行驶,同时包括 CAN 通信、故障处理、在线 CAN 烧写、与其他模块配合完成整车工作的要求以及自检等功能;双向 DC 是在动力电池和电机控制器之间的部件,起到升压、降压的作用;双电控给配电盒设计了一路高压供电接口。双电机控制器安装位置见图 3-82。

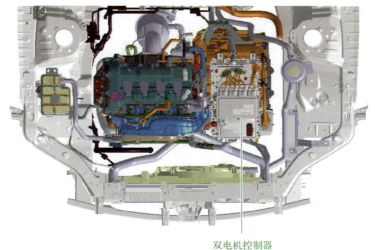

双电机控制器

图 3-82 双电机控制器安装位置

双电机控制器原理框图如图 3-83 所示,电路简图如图 3-84 所示。

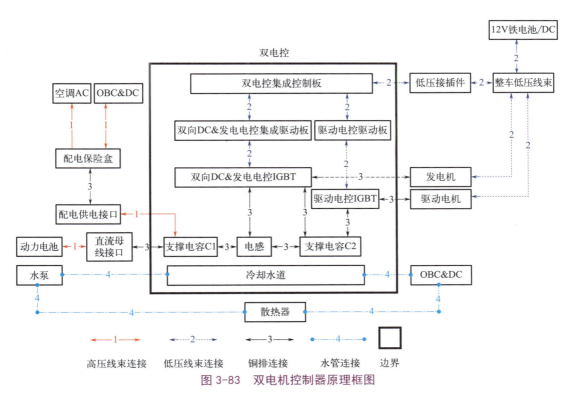

图 3-83 双电机控制器原理框图

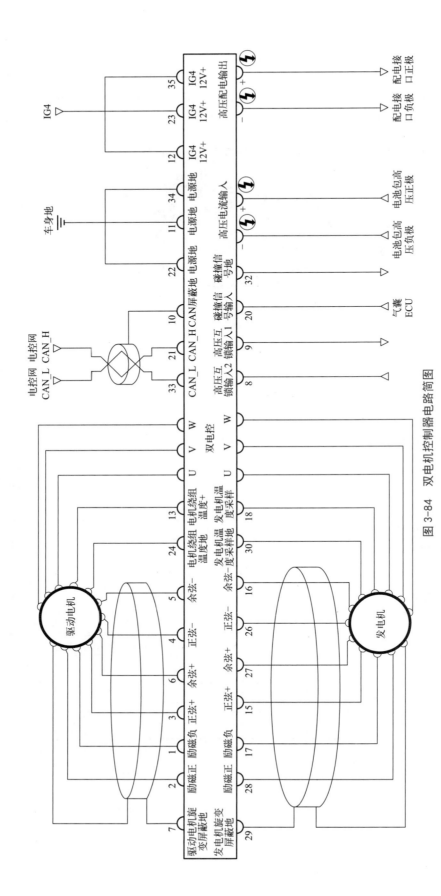

图 3-84 双电机控制器电路简图

3.3.5 部件快拆：比亚迪秦 Plus DMi EHS 总成拆装

EHS 总成的维修拆装步骤如下。

❶ 首先拆解 EHS 周边的进、回油管，冷却水管，低压线束，高压线束，配电盒，悬置部件。注意做好总成支撑与防护，防止拆卸悬置后总成跌落。

❷ 拆电控上电机三相铜排连接窗口上的八颗内六花螺栓（安装时，螺栓紧固力矩 2～3Nm），如图 3-85 所示。

❸ 拆电机电控三相铜排的六颗六角头法兰面螺栓（安装时，螺栓紧固力矩（11±2）Nm），如图 3-86 所示。

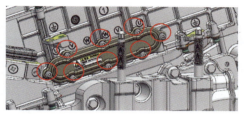
图 3-85　拆除三相铜排连接窗口

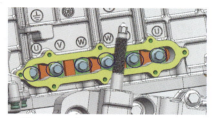
图 3-86　电控六角头法兰面螺栓

❹ 拆解电控四个安装支脚上的六角法兰盘螺栓（安装时，螺栓紧固力矩（50±3）Nm），如图 3-87 所示。

❺ 分离电控。注意电控下方连接变速器处有导电橡胶，图中环形区域，如图 3-88 所示。

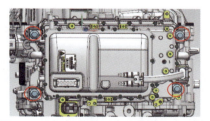
图 3-87　拆解电控四个安装支脚上螺栓

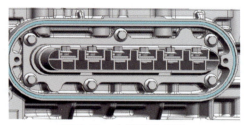
图 3-88　电控导电橡胶

❻ 分离导电橡胶，并废弃。

❼ 装配电控的步骤按以上拆解步骤倒序即可。装配时，注意更换导电橡胶。注意电控导向螺柱，与电控接线板定位销，避免损坏。导向螺柱与定位销位置如图 3-89 所示。

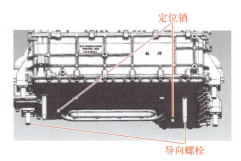
图 3-89　导向螺栓与定位销位置

3.3.6 设置技巧：长城哈弗 DHT 车型旋变标定方法

以长城哈弗赤兔 DHT 车型为例，电机控制器（DMCU）包含驱动电机控制器（TMCU）、发电机控制器（GMCU）、DC-DC 变换器。电机控制器总成响应整车控制器（HCU）发出的扭矩/转速指令，控制驱动电机在纯电动模式下驱动车辆，混动模式下增加动力输出，滑行或制动时进行能量回收；控制发电机启动发动机，及在发动机带动下进行发电。

（1）TM（驱动电机）旋变标定

更换驱动电机或电机控制器后，必须进行旋变标定。标定前需确认车辆各种油液及电池包正常。标定前车辆处于"N"挡。操作步骤如下。

❶ 将车辆固定于举升机，稍许离地。
❷ 连接诊断仪。
❸ 使点火开关由"OFF"位置变为"ON"位置。对点火开关操作过程中禁止踩下制动踏板。
❹ 整车上高压电，组合仪表显示"READY"。
❺ 进入"驱动电机旋变标定"界面。
❻ 选择"驱动电机旋变标定"，点击"确定"，等待系统完成标定。等待系统完成标定过程中禁止对车辆进行任何操作。标定过程中驱动电机可能会转动。
❼ 系统提示"驱动电机旋变位置标定成功"。

（2）GM（发电机）旋变标定

更换发电机或电机控制器后，必须进行旋变标定。标定前需确认车辆各种油液及电池包正常。标定前车辆处于"N"挡。

❶ 将车辆固定于举升机，稍许离地。
❷ 连接诊断仪。
❸ 使点火开关由"OFF"位置变为"ON"位置，对点火开关操作过程中禁止踩下制动踏板。
❹ 整车上高压电，组合仪表显示"READY"。
❺ 进入"发电机旋变标定"界面。
❻ 选择"发电机旋变标定"，点击"确定"，等待系统完成标定。等待系统完成标定过程中禁止对车辆进行任何操作。标定过程中发电机可能会转动。
❼ 系统提示"发电机旋变位置标定成功"。

3.3.7 电路快检：比亚迪秦 Plus DMi 双电控系统端子检测

秦 Plus DMi 双电控系统信号端子分布如图 3-90 所示，从左向右数；接线端子序号为 1-12，13-23，24-35；端子功能定义及技术参数如表 3-12 所示。

图 3-90　双电控系统低压接插件端子分布

表 3-12 双电控低压信号功能定义

端子	端口名称	端口定义	线束接法	信号类型	工作电流/A	备注
1	/EXCOUT	驱动励磁−	接驱动电机励磁−（驱动电机模块3号引脚）	—	<1	六芯屏蔽线
2	EXCOUT	驱动励磁+	接驱动电机励磁+（驱动电机模块9号引脚）	—	<1	六芯屏蔽线
3	SIN+	驱动正弦+	接驱动电机正弦+（驱动电机模块8号引脚）	—	<1	六芯屏蔽线
4	SIN−	驱动正弦−	接驱动电机正弦−（驱动电机模块2号引脚）	—	<1	六芯屏蔽线
5	COS−	驱动余弦−	接驱动电机余弦−（驱动电机模块1号引脚）	—	<1	六芯屏蔽线
6	COS+	驱动余弦+	接驱动电机余弦+（驱动电机模块7号引脚）	—	<1	六芯屏蔽线
7	GND	驱动旋变屏蔽地	接电机低压搭铁	—	<1	—
8	/HV-LOCK2	高压互锁输入2	—	PWM信号	<1	—
9	/HV-LOCK1	高压互锁输入1	—	PWM信号	<1	—
10	GND	CAN屏蔽地	—	—	—	预留
11	GND	外部电源地	—	—	<1	低压电源，三路电流总计<3A
12	+12V0	外部提供的+12V电源	接外部提供的+12V电源	—	<1	低压电源三路电流总计<3A
13	STATOR-T-IN	驱动绕组温度	接驱动电机绕组温度（驱动电机温感6号引脚）	模拟信号	<1	—
14	STATOR-YL-GND	预留	—	—	—	—
15	sSIN+	发电正弦+	接发电机正弦+（发电机模块11号引脚）	—	<1	六芯屏蔽线
16	sCOS−	发电余弦−	接发电机余弦−（发电机模块6号引脚）	—	<1	六芯屏蔽线
17	s/EXCOUT	发电励磁−	接发电励磁−（发电机模块4号引脚）	—	<1	六芯屏蔽线
18	sSTATOR-T-IN	发电机温度采样	接发电机温度采样（发电机温感5号引脚）	模拟信号	<1	—
19	sSTATOR-YL-IN	预留	—	—	—	—
20	CRASH-IN1	碰撞信号	接安全气囊碰撞传感器	—	<1	—
21	CANH	CAN信号高	接电控网VCU	CAN信号	<1	屏蔽双绞线
22	GND	外部电源地	接外部电源地	—	<1	低压电源，三路电流总计<3A

续表

端子	端口名称	端口定义	线束接法	信号类型	工作电流/A	备注
23	+12V0	外部提供的+12V电源	接外部提供的+12V电源	—	<1	低压电源,三路电流总计<3A
24	STATOR-GND	驱动电机绕组温度地	接驱动电机绕组温度地（驱动电机温感2号引脚）	模拟信号	<1	—
25	STATOR-YL-IN	预留	—	—	—	—
26	sSIN-	发电正弦-	接发电机正弦-（发电机模块5号引脚）	—	<1	六芯屏蔽线
27	sCOS+	发电余弦+	接发电机余弦+（发电机模块12号引脚）	—	<1	六芯屏蔽线
28	sEXCOUT	发电励磁+	接发电机励磁+（发电机模块10号引脚）	—	<1	六芯屏蔽线
29	GND	发电旋变屏蔽地	接电机低压搭铁	—	<1	—
30	sSTATOR-GND	发电机温度采样地	接发电机温度采样地（发电机温感1号引脚）	模拟信号	<1	—
31	sSTATOR-YL-GND	预留	—	—	—	—
32	GND	碰撞信号地	接安全气囊碰撞传感器地	—	<1	—
33	CANL	CAN信号低	接电控网VCU	CAN信号	<1	屏蔽双绞线
34	GND	外部电源地	接外部电源地	—	<1	低压电源,三路电流总计<3A
35	+12V0	外部提供的+12V电源	接外部提供的+12V电源	—	<1	低压电源,三路电流总计<3A

秦 Plus DMi 双电控系统端子检测参考值见表3-13。

表3-13 双电控低压端子检测参考值

连接端子	引脚名称/功能	条件	正常值
35pin-11	GND（VCC）外部电源地	OFF挡	小于1Ω
35pin-20～32	碰撞信号	ON挡	PWM信号
35pin-21～33	CANH、CANL	OFF挡	54～69Ω（接插件连接之后测试）
35pin-33～21	CANH、CANL	OFF挡	54～69Ω（接插件连接之后测试）
35pin-22	GND（VCC）外部电源地	OFF挡	小于1Ω
35pin-12	VCC外部12V电源	ON挡	10～14V
35pin-23	VCC外部12V电源	ON挡	10～14V
35pin-34	GND（VCC）外部电源地	OFF挡	小于1Ω
35pin-35	VCC外部12V电源	ON挡	10～14V

3.3.8 案例精解：比亚迪唐 DM 变速器故障

（1）车辆无法启动且 P 挡指示灯闪烁故障

▶ **故障现象：** 比亚迪唐 DM 车辆无法启动，车辆正常上电，组合仪表显示"请检查网络系统"，见图 3-91，P 挡指示灯闪烁。

▶ **故障分析：**

❶ 网关控制器故障。

❷ TCU 保险丝损坏故障。

❸ 相关线束通信异常。

❹ TCU 故障。

▶ **维修过程：**

图 3-91 仪表提示"请检查车辆网络"

❶ 用 VDS1000 扫描模块时无法正常进入 TCU 模块，其他模块通信正常，TCU 通信出现异常。

❷ 进入相关模块读取故障时发现只有 ECM 系统存在故障，显示 U0102：ECM 与 TCU 通信失败（历史故障）。

❸ 清除故障码重新启动车辆测试，依旧只有 ECM 报故障，这时就显示 U0102：ECM 与 TCU 通信失败（当前故障）。

❹ 重点检查 TCU 电源和 ECM 到 TCU 之间通信线束，拔下 F1/20#30A TCU 保险丝正常无损坏，检查 BJ37 R/Y 和 AJ02 R/Y 对接插头 16# 针脚无异常，测量电源导通性正常，拔下 TCU 模块 A49# 插头测量 1#R/Y 和 3#R/Y 针脚都有 12V 电源信号，测量 48#CAN-H 线 2.6V 正常，测量 62#CAN-L 线 2.38V 正常，此时判定 TCU 模块内部发生故障。

▶ **故障排除：** 更换 TCU 模块后故障排除。

（2）变速器功能受限故障

▶ **故障现象：** 比亚迪唐车辆出现故障时没有 2、4、6 挡，仪表出现"变速器功能受限"，见图 3-92。

图 3-92 仪表提示"变速器功能受限"

▶ **故障分析：**

❶ 电液控制模块故障。

❷ 湿式双离合器总成故障。

▶ **维修过程：**

❶ 用 VDS1000 读取 TCU 发现有两个故障码，见图 3-93，P160F：离合器 2 压力传感器故障，P163A：离合器 2 压力不正常。

❷ 读取数据流发现离合器 2 实际压力只有 55kPa（严重偏小），离合器 1 实际压力 455kPa（正常），见图 3-94。

❸ 结合故障码以及数据流判断因电液控制模块发生故障导致。

▶ **故障排除：** 更换电液控制模块后故障排除。

（3）无 EV 模式只能 HEV 模式行驶

▶ **故障现象：** 比亚迪唐车辆仪表提示"变速器功能受限"，见图 3-95，无 EV 模式。只能 HEV 模式行驶。

图 3-93 读取故障码信息

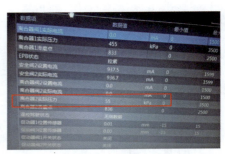

图 3-94 离合器压力值数据

▶ 故障分析：

❶ 电液控制模块故障。

❷ 湿式双离合器总成故障。

❸ TCU 故障。

❹ 线束故障。

❺ 变速器机械故障。

▶ 维修过程：

❶ 用 VDS1000 读取 TCU 发现有两个故障码，P1684：EV2 挡挂不到位，P1685：EV 挡回不了空挡；见图 3-96。

图 3-95 仪表提示"变速器功能受限"

图 3-96 读取系统故障码

❷ SOC53% 时查看数据流发现 P 挡促动器 5 位置传感器的数值为 8.94mm，如图 3-97 所示。

❸ 做一键自适应无法成功，显示挡位失败，确认过程中油泵电机可以运转，排除油泵电及其控制器异常。

❹ 检查挡位传感器接插件未见异常。

❺ 为避免挡位传感器误报，更换后故障依旧存在。

❻ 通过以上确认为变速器机械部分异常导致 EV2 挡挂不到位。

（4）从 EV 模式自动切换到 HEV 模式

▶ 故障现象：仪表显示当前 SOC 为 90%，OK 灯点亮 EV 模式起步后不久自动切换到 HEV 模式，仪表无异常提示，见图 3-98。

▶ 故障分析：

❶ 高压系统异常。

❷ 变速器异常。

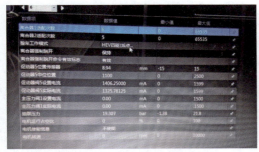

图 3-97 查看 P 挡数据流

图 3-98 故障车辆仪表显示

▶ 检修过程：

❶ 扫描各高压模块无故障码。

❷ 扫描 TCU 发现报 "P1688：油泵压力低（当前故障）"，见图 3-99。（若 TCU 报 P1688 故障会导致车辆 EV 模式不能正常使用，此油泵压力是指油泵电机的压力，并非变速器油泵组件的压力偏低。）

❸ 考虑到车辆原地且模式不切换时油泵电机工作，故无法在判断实际工作情况（车辆在做 TCU 一键自适应时可在过程中确认油泵电机是否能正常运转）。

❹ 首先试车，观察发现 EV 自动切换 HEV 时，前驱动电机控制器数据流显示 "发动机启动原因为：TCU 请求启动发动机"，见图 3-100，进一步确认为变速器部分导致车辆出现故障。

图 3-99 TCU 系统故障码

图 3-100 前驱动电机控制器数据

❺ 再次试车观察故障时，TCU 的数据流变化如下：电机运行占空比为 80%、电机使能信息为使能、电机转速为 0，见图 3-101（根据控制原理分析，说明 TCU 已经发送命令给油泵电机控制器，但油泵电机控制器未驱动运转）。

❻ 分析出现上述数据流原因：油泵电机控制器供源有异常；油泵电机控制器内部损坏；油泵电机自身损坏。

❼ 检查油泵电机控制器的电源脚（Ea06-2）发现无 12V 供电，进一步结合电路图检查油泵电机控制器供电保险 F6/1（此保险在副驾座椅下的盒中）发现保险极柱松脱，重新紧固，故障排除。

图 3-101 TCU 数据流

第 4 章

温度控制系统

4.1 空调制冷系统

4.1.1 结构秒认：空调制冷系统组成

电动汽车空调制冷系统不同于常规燃油车，制冷系统的动力源是电动空调压缩机。电动空调系统组成与常规燃油车型类似，主要由 HVAC 总成、空调风管总成、空调管路总成、电动压缩机、冷凝器、空调控制面板及其相关传感器、空调驱动器等组成。其中空调驱动器与 DC-DC 布置于同一壳体中，位于前舱左侧，见图 4-1。封底二维码提供相关参考视频。

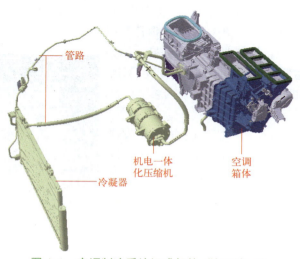

图 4-1 空调制冷系统组成部件（比亚迪 e6）

传统燃油车辆中，制冷压缩机靠皮带轮，通过发动机曲轴带动转动。其转速只能被动地通过发动机转速来调节，空调系统无法主动地对压缩机转速进行调节。比亚迪e6先行者车型，空调系统的压缩机为电动压缩机，靠高压电驱动，转速可被系统主动调节。调节范围在0～4000r/min。这样保证了良好的制冷效果，同时也节省了电能。

空调不制冷排查思路：传统部件则按传统排查思路排查，先确认冷媒压力是否正常，排查管路冷媒是否泄漏，排查电子风扇是否故障；排查相关继电器保险丝是否故障等；高压系统则排查电动压缩机供电是否正常（排查时需做好绝缘防护）。

4.1.2 原理秒懂：空调制冷系统原理

电动空调压缩机受高压电驱动，当压缩机工作时，压缩机吸入从蒸发器出来的低温低压的气态制冷剂，经压缩，制冷剂的温度和压力升高，并被送入冷凝器。在冷凝器内，高温高压的气态制冷剂把热量传递给经过冷凝器的车外空气而液化，变成液体。液态制冷剂流经膨胀阀时，温度和压力降低，并进入蒸发器。在蒸发器内，低温低压的液态制冷剂吸收经过蒸发器的车内空气的热量而蒸发，变成气体。气体又被压缩机吸入进行下一轮循环。这样，通过在系统内的循环，制冷剂不断吸收车内空气的热量并排到车外空气中，使车内空气的温度逐渐下降。空调制冷工作原理示意图如图4-2所示。封底二维码提供相关参考视频。

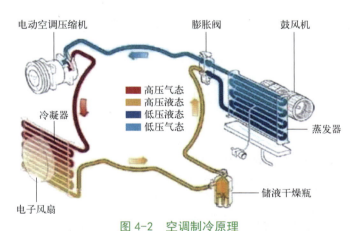

图4-2 空调制冷原理

4.1.3 原理秒懂：空调通风系统原理

通风控制系统可使模式阀门利用风道混合引入冷风、热风和外部空气通过空调系统，气流由风道系统和出风口将空气输送到乘客室。通风系统原理如图4-3所示。

在"AUTO（自动）"模式中会自动选择相应的模式状态，使用"MODE（模式）"按钮可更改车辆的送风模式。如果当前显示一个送风模式，则按"MODE（模式）"按钮可选择下一送风模式。

空气流向按下列模式进行改变。

- 吹面——通过仪表板出风口送风。

- 双向——通过仪表板出风口、吹脚出风口送风。
- 吹脚——通过吹脚出风口送风。
- 混合——通过吹脚、前风窗出风口送风。
- 除霜——前风窗出风口送风。

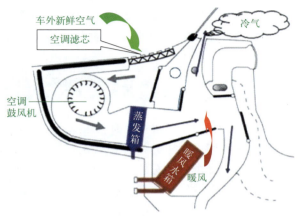

图 4-3　空调通风系统工作示意图

4.1.4　部件快拆：吉利极越 01 电动空调压缩机拆装

以吉利极越 01 车型为例，空调压缩机拆装步骤如下。

❶ 拆除 2 个紧固件［拧紧力矩（10±1.5）Nm］，脱开 2 个空调管，如图 4-4 所示。

❷ 如图 4-5 所示拆除并弃用 4 个 O 形型圈（重装时换新用空调压缩机油润滑 O 形圈）。安装合适堵盖以密封开口。

图 4-4　脱开空调管路

图 4-5　弃用密封圈

❸ 拆除 3 个紧固件①（拧紧力矩 24Nm），如图 4-6 所示。

❹ 断开高压线束连接器②，如图 4-6 所示。

❺ 断开低压线束连接器③，如图 4-6 所示。

❻ 松开紧固件④（拧紧力矩 10Nm），如图 4-6 所示。

❼ 拆除空调压缩机⑤，如图 4-6 所示。

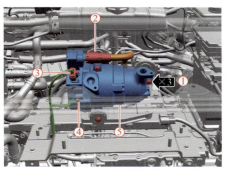

图 4-6 拆卸空调压缩机

❽ 安装时按相反顺序进行,并按规定力矩紧固螺栓。

4.1.5 电路快检:电动汽车空调压缩机故障判断

▶ 检查前提:
拔下压缩机高压接插件与低压接插件。

▶ 检查步骤:

❶ 检查高低压绝缘(绝缘表调到 500V 挡,正极接到压缩机高压接插件其中一端,负极接触壳体),测量值 ≥ 550MΩ,若绝缘值为 0,表示压缩机故障,建议更换压缩机。如图 4-7 所示。

❷ 检查高压接插件正负极是否短路,不短路表示正常,若短路表示压缩机电路损坏,建议更换压缩机。如图 4-8,如正常请参照步骤⑤。

❸ 检查高低接插件正负极之间电阻值(万用表调到 20M,万用表正负极接触高压端子)应有一个缓慢充电变化的过程,如电阻值 ≥ 10Ω 表示正常,如图 4-9 所示。

图 4-7 测量绝缘值

图 4-8 检查高压正负极是否短路

图 4-9 检查正负极间电阻值

若以上测试结果均正常，基本上可确认压缩机完好，建议排查整车其他部件。

4.1.6 故障速诊：北汽新能源 EU5 网约版电动空调压缩机故障诊断

以北汽新能源 EU5 车型为例，电动空调压缩机控制器（EAS）DTC 故障码诊断码如表 4-1 所示。针对不同故障码的诊断维修方法可扫码（见封底说明）查阅拓展案例。

表 4-1　压缩机控制器故障码

故障代码	定义
P166616	压缩机高压欠压故障
P166517	压缩机高压过压故障
P166719	压缩机过流故障
P166F94	压缩机高低压互锁故障
U170187	EAS 与 ECC 通信丢失故障
P166909	压缩机控制电路故障
P166098	压缩机 IPM 过温故障
P166200	压缩机 IPM 硬件故障
U170088	EAS 总线关闭

4.1.7 案例精解：比亚迪秦 DM 空调压缩机故障

▶ **故障现象：**

比亚迪秦 DM 车辆上 OK 电后，在 EV 模式下，开启空调后，发动机自动启动，机械压缩机工作。

▶ **故障分析：**

打开空调后，机械压缩机可以正常工作，可以排除空调管路系统、空调面板按键、温度传感器及压力传感器等故障，分析故障主要和电动压缩机高压部分及控制部分有关。分析原因如下：a. 高压配电箱故障，b. 空调控制器故障，c. 空调配电盒故障，d. 电动压缩机及其线路故障。

▶ **维修过程：**

❶ 车辆上 OK 电后，诊断仪读取电动压缩机及 PTC 水加热器，模块高压输入为 500V，说明高压配电箱及空调配电盒正常。

❷ 断开电动压缩机 A56 接插件，测量 A56 接插件 1 脚电压为 13V，正常；测量 A56 接插件的 2 脚，搭铁正常。

❸ 测量电动压缩机 A56 接插件的 4 脚、5 脚 CAN 线，都为 2.5V 电压，正常。

❹ 断开 PTC 加热器 B57 接插件，测量 B57 接插件 1 脚电压为 13V，正常；测量 B57 接插件的 6 脚，搭铁正常。

❺ 测量 PTC 加热器接插件的 4 脚、5 脚 CAN 线，都为 2.5V 电压，正常。

❻ 因电动压缩机及 PTC 加热器接插件线路高压及低压都正常，怀疑为电动压缩机或

PTC加热器故障。

▶ **故障排除：** 更换电动压缩机后，故障排除。

▶ **维修小结：**

比亚迪秦空调系统在传统机械压缩机制冷及发动机冷却液制热的基础上，增加了一套不依靠发动机工作即可实现的制冷和制热系统。

比亚迪秦在EV模式和HEV模式下，开启空调时，优先使用电动压缩机及PTC加热器加热，只有在动力电池电量不足或高压空调系统发生故障时，空调控制器经网关和驱动电机控制器通信，并由驱动电机控制器和发动机电脑进行通信，启动发动机，利用传统发动机带动机械压缩机及冷却液的循环实现制冷及制热。

比亚迪秦空调控制系统的核心为空调控制器，空调控制器主要接收空调面板等操作面板的按键指令（主要为CAN线传递），同时接收传统的温度及压力信号，并和电动压缩机及空调PTC加热器共同构成空调内部CAN网络，空调控制器接收并检测以上CAN信号及传感器信号后，会根据检测的信号情况进行空调冷风或暖风的开启及关闭，并根据实际情况判断是否启动发动机。空调系统工作原理图如图4-10所示。

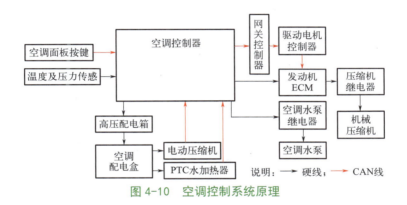

图4-10　空调控制系统原理

4.2　空调暖风系统

 结构秒认：暖风加热系统组成

传统燃油车型在制热方面，通过发动机冷却水温的热量来制热，其局限在于发动机启动、暖机阶段制热效果不好。

以广汽GA3S PHEV车型为例，暖风系统采用发动机及PTC加热器（最大功率5000kW）作为供热原件。根据车辆的使用工况及用户需求，自动选择发动机或者PTC供暖。PTC加热器通过发热原件将水加热，将电能转化为热能。PTC加热器安装位置见图4-11。

说明：PTC水加热器、电动压缩机为新能源汽车的耗电部件，会消耗动力电池电能，长期开启时会影响纯电行驶里程。建议使用时适度开启，避免动力电池电量消耗过快。

冷却液在PTC加热器中加热后，由暖风水管流入空调暖风水箱中，通过鼓风机使车厢内冷空气与暖风水箱进行热交换，之后热风从风道进入乘客舱，从而起到采暖、除霜、除雾的作用。PTC 系统有发动机和 PTC 两个供热元件,根据系统的需求进行切换,保证能够满足用户需求,同时效率最佳。PTC 工作原理图如图 4-12 所示。

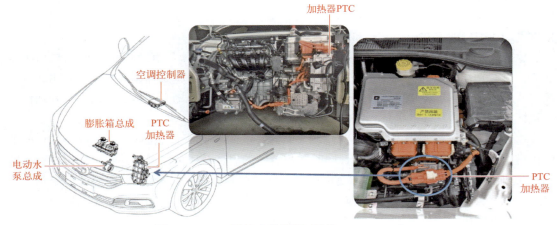

图 4-11　PTC 部件安装位置(广汽 GA3S PHEV)

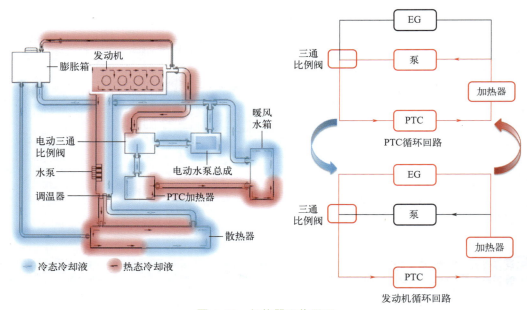

图 4-12　加热器工作原理

4.2.2　原理秒懂:暖风加热系统原理

　　加热系统由鼓风机和电加热器(PTC)、加热器水泵、加热器芯体等组成。

　　当自动空调系统处于加热模式时,加热器在高压电的作用下对冷却液进行加热,高温冷却液被加热器水泵抽入加热器芯。同时,冷暖温度控制电机旋转至采暖位置,气流在鼓风机的作用下流过加热器芯,产生热量传递。外部空气在进入乘客舱前,与加热后的空气混合,吹出舒适的暖风。空调加热系统工作原理如图 4-13 所示。

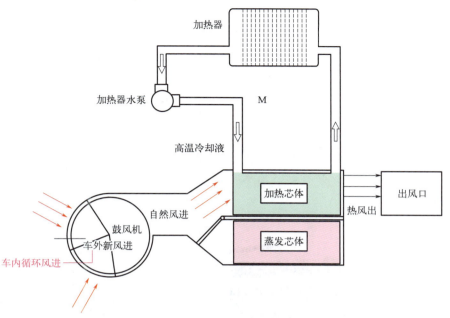

图 4-13 空调加热系统

4.2.3 设置技巧：比亚迪 PTC 加热系统排气方法

以比亚迪宋 DM 车型为例，在拆装空调采暖系统回路中的 PTC 电动水泵、PTC 水加热器、暖风水管、空调箱体和动力总成等零部件后，需对发动机冷却系统加注适量规定的冷却液，且需按照如下步骤进行系统排气。

❶ 整车上 OK 挡电，将挡位挂至 N 挡，切换至 HEV 模式中的 Sport 模式启动发动机。

❷ 打开空调，将空调温度设置到 Hi，风量挡位建议设置 4 挡风。

❸ 将加速踏板踩下，按"5min 2500r 左右发动机转速"——"1min 原地怠速"的周期进行排气。两次循环过后，在发动机怠速工况下，用手感受出风口的风温：

若风温出现明显的下降趋势，则继续按上述第 3 点的排气方法进行排气；

当风温不出现明显的下降趋势后切换至 EV 模式，再次用手感受出风温度（感受时间不能太短，建议大于 3min），若风温无明显的下降，则排气完成，若风温有明显的下降，需再次切换至 HEV 模式按上述第 3 点进行排气。

❹ 排气完成后，检测冷却系统是否漏液；观察前舱发动机冷却液补液壶内的液位，若液位低于 max 线，则需要进行补液，让发动机冷却液补液壶中的液位接近 max 线。

注：上述第 3 点可以适当地调整每次排气踩转速和怠速的频率，如 2500（r/min），30s 怠速。

4.2.4 部件快拆：吉利极越 01 高压冷却液加热器拆装方法

以吉利极越 01 车型为例，高压冷却液加热器拆装步骤如下。

❶ 断开高压线束连接器①，如图 4-14。
❷ 断开低压线束连接器②，如图 4-14。
❸ 脱开 2 个卡箍③，断开 2 个水管，如图 4-14。
❹ 拆除紧固件④（拧紧力矩 10Nm），如图 4-14。
❺ 脱开卡扣⑤，如图 4-14。
❻ 拆除 2 个紧固件⑥（拧紧力矩 10N·m），如图 4-14。
❼ 拆除紧固件⑦，如图 4-14。
❽ 拆除高压冷却液加热器和高压冷却液加热器支架⑧，如图 4-14 所示。
❾ 拆除 4 个紧固件①，如图 4-15 所示。
❿ 拆除高压冷却液加热器②。

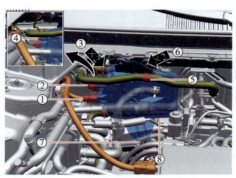

图 4-14　拆卸加热器及其支架

图 4-15　拆除支架螺栓

按与拆卸相反的顺序进行安装，注意按规定力矩紧固螺栓。

4.2.5　故障速诊：比亚迪 PTC 功能不正常检修方法

下面以比亚迪宋 DM 车型为例，讲解 PTC 功能异常的检修方法。

❶ 检查高压互锁信号：断开 B19（B）接插件，见图 4-16，检查线束端电阻，参数见表 4-2，如异常则更换线束，正常则进入第 2 步。

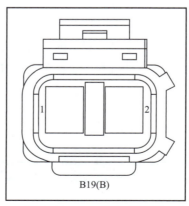

图 4-16　B19（B）接插件

表 4-2 端子电阻检测参数

端子	线色	条件	正常情况
B19（B）-1-B28-11	L	始终	小于 1Ω
B19（B）-2-K46-5	Gr	始终	小于 1Ω

❷ 检查保险：用万用表检查 F2/32 保险是否导通，如异常则更换保险，正常则进入第 3 步。

❸ 检查 PTC 电源与接地：断开接插件 B19（A），见图 4-17，检查对地电压，参数见表 4-3，如异常则检查电源线束，正常则进入第 4 步。

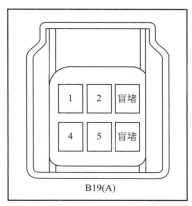

图 4-17 B19（A）接插件

表 4-3 端子电压检测参数

端子	线色	条件	正常情况
B19（A）-1- 车身地	R/G	ON 挡	11～14V
B19（A）-2- 车身地	B	始终	小于 1V

❹ 检查线束：断开接插件 B19（A），测线束阻值，参数见表 4-4，如异常则更换线束，正常则进入第 5 步。

表 4-4 端子电阻检测参数

端子	线色	条件	正常情况
B19（A）-2- 车身地	B	始终	小于 1Ω

❺ 检查 CAN 通信：断开接插件 B19（A），检查电压值是否正常，参数见表 4-5，如异常则检查 CAN 线束，正常则进入第 6 步。

表 4-5 端子检测电压参数

端子	线色	条件	正常情况
B19（A）-4- 车身地	P	始终	约 2.5V
B19（A）-5- 车身地	V	始终	约 2.5V

❻ 检查空调 ECU：更换空调 ECU，检查故障是否再现，如正常则可判定为空调 ECU 故障。如异常则更换 PTC 总成。

4.2.6 故障速诊：北汽新能源 EU5 网约版 WTC 故障诊断

以北汽新能源 EU5 车型为例，水暖式电加热控制器（WTC）DTC 故障码诊断码如表 4-6 所示。针对不同故障码的诊断维修方法可扫码（见封底说明）查阅拓展案例。

表 4-6 电加热控制器故障码

故障代码	定义
U198187	WTC 与 ECC 通信丢失故障
U198088	WTC 总线关闭
U190016	WTC 检蓄电池电压过低故障
U190017	WTC 检蓄电池电压过高故障
P16481C	WTC 电路板（PCB）温度传感器故障
P164898	WTC 电路板（PCB）过温故障
P16191C	WTC 进水口温度传感器故障
P164AIC	WTC 出水口温度传感器故障
P164019	WTC 过流故障
P165716	WTC 高压欠压故障
P165717	WTC 高压过压故障
P164998	WTC 进水口温度过温故障
P161A98	WTC 出水口温度过温故障
P164B94	WTC 高压互锁故障
P164C00	WTC 功率输出故障

4.2.7 案例精解：比亚迪唐 DM 插混 PTC 不工作故障排除

▶ **故障现象：**

一辆行驶里程为 248km 全新一代 DM，车主反映该车 EV 模式下打开前面暖风不起作用。开后面暖风正常，空调制冷正常。HEV 模式暖风正常，风机工作正常。

▶ **维修过程：**

❶ 用 VDS2000 检测故障码为 B123D4A、B1234B、B1244B，如图 4-18 所示。

图 4-18 诊断仪显示故障码信息

❷ 检查发现驱动器低压插接件连接正常。

❸ 查看数据流发现，IG2 电压 14.1V，负载高压电源 599V，负载电流 0.1A，PTC 消耗功率 59，如图 4-19 所示。初步判定线路及驱动器正常，系统版本无升级。

❹ 如图 4-20 所示用万用表测量 PTC 阻值，与同一温度下正常车辆 PTC 阻值对比，发现故障车辆阻值大于正常车辆，判定为 PTC 故障。PTC 在常温下（25℃）正常阻值为 100～300Ω，工作后的 PTC 阻值比常温下阻值偏高。

❺ 相互倒换驱动器（图 4-21）试车，车辆故障还存在，可以排除驱动器故障。

图 4-19　进行数据流分析

(a) 故障车阻值：399.3Ω　　　　　(b) 正常车辆阻值：248.7Ω

图 4-20　测量 PTC 阻值

图 4-21　倒换驱动器

❻ 倒换 PTC 查看数据流，如图 4-22，试车故障排除。

图 4-22　更换 PTC 后数据流

○ **故障排除**：更换 PTC。

4.3　高压温控系统

4.3.1　结构秒认：动力电池包冷却部件

电动汽车的动力电池包在快速充、放电的过程中，会产生大量的热量，如果不能及时有效地散热，不仅会影响电池的效能，同时会对车辆的使用安全形成威胁。于是，动力电池包都设计有专门的冷却电路，早期的油电混动汽车有的是利用风冷的形式通过空气流动散热，现在的电动汽车一般通过液冷的方式利用冷却液流通带走电池包的热量。以比亚迪秦 EV 和 e5 车型为例，其电池包内部结构如图 4-23 所示。

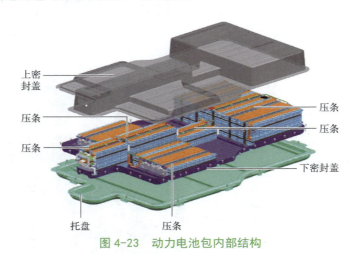

图 4-23　动力电池包内部结构

电池包内部冷却水管结构与安装形式如图 4-24 所示。

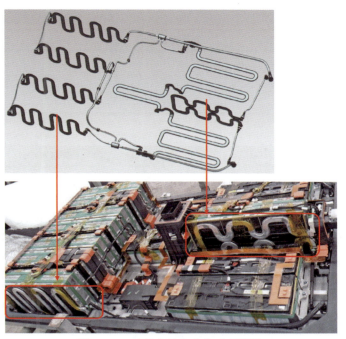

图 4-24 动力电池包内部冷却管路

4.3.2 原理秒懂:比亚迪电池包水冷系统工作方式

水冷系统工作原理图如图 4-25 所示,不同控制模式下各执行部件工作状态如表 4-7 所示。

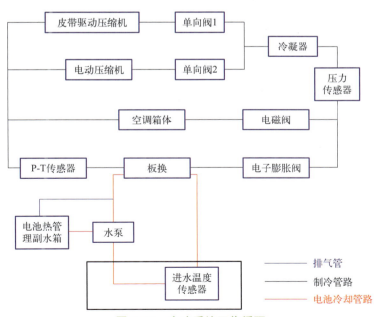

图 4-25 水冷系统工作循环

表 4-7 不同控制模式执行器状态

不同模式控制	电磁阀	电子膨胀阀 1	电子膨胀阀 2	电子水泵
制冷工作模式	打开	打开	关闭	关闭
电池冷却模式	关闭	关闭	打开	工作
制冷电池冷却模式	打开	打开	打开	工作

4.3.3 原理秒懂：比亚迪电池包加热

在寒冷地区，低温气候会影响电池的活性，从而影响其充放电性能，在这个时候需要给电池包加热，使其保持在适宜的温度区间。于是，有的电动汽车专门设计了电池加热系统，如图 4-26 所示为比亚迪的电池加热器。电池加热器以串联的方式布置在冷却加热系统回路中。由电池管理系统（BMS）根据电池需求，发送请求启动加热指令，加热器根据指令启动加热功能。

加热器配置有专门的保险丝，其位置如图 4-27 所示。

图 4-26 电池加热器安装位置

图 4-27 电池加热 PTC 保险

电池加热 PTC 冷却液循环如图 4-28 所示。

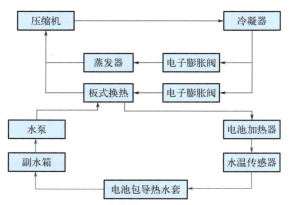

图 4-28 电池加热 PTC 冷却液循环回路

4.3.4 结构秒认：蔚来 ES6 电驱冷却系统组成部件

电驱冷却系统利用热传导的原理，通过冷却液在冷却系统回路中循环，使 PEU_F（前功率控制单元）、PEU_R（后功率控制单元）、驱动电机保持在最佳的工作温度。冷却液要定期更换才能保持其最佳效率和耐腐蚀性。

以蔚来 ES6 为例，冷却系统主要由以下部件组成：膨胀水壶总成、电子水泵、冷却液水管、电动三通阀/四通阀、电池加热器、低温散热器总成、冷却风扇总成、冷却液温度传感器。

前后驱动冷却系统布置如图 4-29 所示。

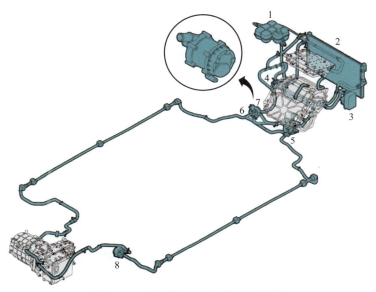

图 4-29　前后驱动冷却系统布置图

1—膨胀水壶总成；2—散热器；3—低压热交换器；4—散热器三通阀；5—四通阀；6—动力电池包三通阀；
7—电子水泵（前驱动电机）；8—电子水泵（后驱动电机）

电子水泵的作用是对冷却液加压，保证其在冷却系中循环流动。系统中安装有 2 个水泵，型号相同，均为 BLDC（无刷直流电机），额定功率为 50W。电子水泵主要负责前驱动系统冷却循环（电子水泵 - 前）、后驱动系统冷却循环（电子水泵 - 后）根据不同温度需求，各自独立工作。

三通阀/四通阀安装于系统冷却液水管管路中，通过减震垫固定在支架上，减小震动与噪声；三通阀/四通阀均为步进式 BLDC（无刷直流电机）。根据系统控制需求，用来打开和关闭各个冷却液通道，实现不同冷却模式的冷却循环。三通阀有 2 个，分别是散热器旁通三通阀、电池回路三通阀；四通阀有 1 个。

冷却风扇总成通过 4 个螺栓固定在冷凝器上，由 PWM（脉冲宽度调节）和冷却风扇组成，PWM（脉冲宽度调节）控制器根据 VCU（车辆控制单元）控制信号和 CCU（环境控制单元）控制信号来控制冷却风扇的不同转速。

冷却系统有 2 个冷却液温度传感器，分为出口（前电机出口）冷却液温度传感器和进口

（4通阀入口）冷却液温度传感器，分别安装在前后电机至旁通3通阀水管总成和4通阀进水管总成上。冷却液温度传感器是NTC（负温度系数）热敏电阻。

4.3.5 结构秒认：零跑C01电池温控系统组成部件

零跑C01车型采用液冷方案来控制动力电池的冷却。动力电池包冷却管路中包括电池水冷板、管路、冷却器、水泵、四通阀及换热器等零部件，组成部件安装位置如图4-30所示。在水泵的驱动下，冷却管路中的防冻液流经冷却器时与空调换热后，防冻液温度下降。低温防冻液后经过电池包底部时将电池产热带走，从而达到给电池包降温的目的。冷却器的最大制冷量为5.5kW，电池包防冻液在水泵的驱动下最大流量达15L/min。另外，低温快充工况下，四通阀可使电池冷却管路与电机冷却管路串联，电池可通过电机散热风扇为其散热。

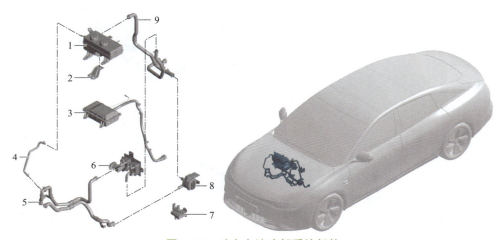

图4-30 动力电池冷却系统部件

1—膨胀水壶；2—支架；3—水加热器总成；4—电池冷却排气管；5—电池水泵出水管；6—集成式换热器；7—三通阀；8—电池水泵；9—电池热管理三通管组件及集成换热器出水管

4.3.6 原理秒懂：零跑C01电池温控系统工作原理

当检测到电池温度过高时，电池管理系统BMS发送冷却请求，冷却系统工作。当温度进一步升高时，加大冷却功率或级别，以保障电池在适合的温度下工作或减缓温升的速度，将最高温度控制在安全范围内。若最大冷却功率下，温度继续上升，需降低工作电流，以减少自身的发热量。

本车型采用控制水加热器加热冷却液的方式对电池进行加热。电池温控系统原理图如图4-31所示。

当外部环境温度过低，电池温度降低至加热条件开启时，控制器将发送加热请求。动力电池包冷却管路中防冻液流经换热器时，与换热器另一侧高温防冻液热交换，升温后的电池防冻液流经电池包底部为电池加热，当达到标定的温度时，停止加热。加热电池的防冻液温度最高 40℃，整车只要一个水加热器，最大功率 10kW，同时为电池及乘员舱加热。水加热器为高压器件，行车时水加热器耗电来自于电池包，充电时充电桩为其供电。另外，低温慢充工况下，四通阀可使电池冷却管路与电机冷却管路串联，电机冷却管路中二合一电源、电机控制器等零部件可给防冻液加热，进一步给电池加热。低温行车过程中，可达到电机余热为电池加热的效果。加热控制策略分为快充、慢充与行车三种模式。

快充模式下电芯单体最低温度≤11℃时，加热功能开启；电芯单体最低温度≥15℃时，加热功能关闭。慢充模式下电芯单体最低温度≤7℃时，加热功能开启；电芯单体最低温度≥11℃时，加热功能关闭。行车模式下电芯单体最低温度≤1℃时，加热功能开启；电芯单体最低温度≥5℃时，加热功能关闭。

电池单体最低温度低于 -20℃电池不允许直接充电，需先利用充电桩加热电池；电池单体最低温度低于 -30℃电池不能利用充电桩加热电池，也不允许放电。

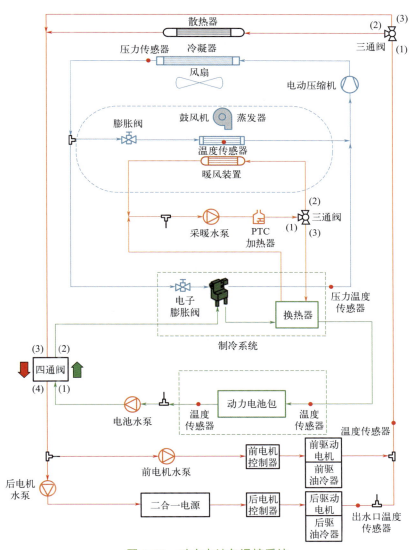

图 4-31 动力电池包温控系统

4.3.7 结构秒认：零跑 C01 电驱冷却系统组成部件

电机冷却系统由整车控制器进行控制，冷却的部件包括电机控制器、二合一电源以及通过油冷器进行热交换的驱动电机。电机冷却系统组成部件如图 4-32 所示。

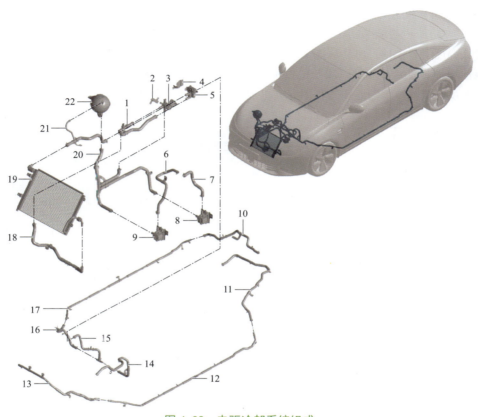

图 4-32　电驱冷却系统组成

1—三通阀至四通阀进水管；2—四通阀支架；3—四通阀；4—三通阀；5—三通阀 2；6—电机水泵出水管；7—前电机水泵出水管；8—前电机冷却水泵；9—后电机冷却水泵；10—电机出水管；11—电机进水管；12—电池侧部尼龙水管 1；13—OBC 出水管；14—前电机出水管；15—三通阀进水管；16—电机出水管 2；17—电池侧部尼龙水管 2；18—散热器出水管；19—散热器总成；20—电机冷却补水管及三通水管；21—散热器进水管总成；22—膨胀水壶

4.3.8 原理秒懂：零跑 C01 电驱冷却系统工作原理

当回路中高压部件温度过高时，触发冷却水泵，水路循环起来，为部件降温。冷却水泵由整车控制器进行控制，控制类型为占空比信号，启动上电后，由整车控制器以较小的占空比来驱动冷却水泵的运转，冷却水泵运转后绕动冷却液依次经过二合一电源、电机控制器、油冷器、散热器总成，再回到冷却水泵形成循环回路。冷却水路的温度信号实时传递给整车控制器，整车控制器根据内部的控制策略来控制冷却水泵的转速，如温度过高，驱动电子风扇进行快速降温，以确保系统的正常运行。

后驱车型电机冷却系统回路系统图如图 4-33 所示。

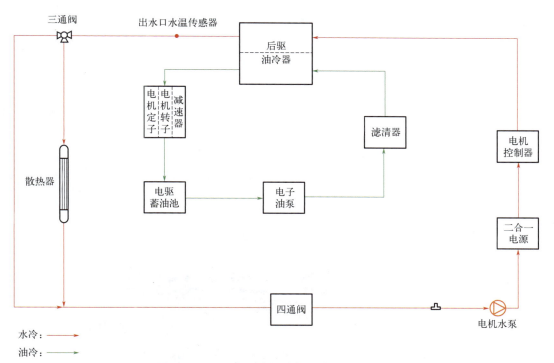

图 4-33　后驱车型电机冷却系统回路系统图

四驱车型电机冷却系统回路系统图如图 4-34 所示。

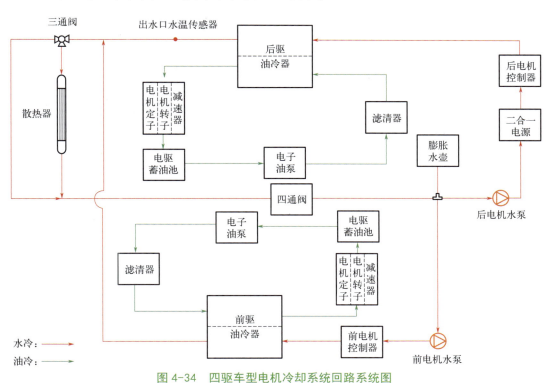

图 4-34　四驱车型电机冷却系统回路系统图

4.3.9 维护快保：比亚迪电池冷却系统排气方法

以比亚迪 e5 车型为例，在拆装电池冷却系统回路中的动力电池包、电池热管理电动水泵、板块和电池冷却管路等零部件后，需对电池热管理系统加注适量、规定的冷却介质，可按照以下步骤进行系统排气操作。

❶ 整车上 OK 挡电，连接 VDS，进入 BCC（电池热管理控制器）主动测试界面，将电池热管理电动水泵设置为"开启"。

❷ 打开前舱盖，观察电池热管理副水箱总成（位置见图 4-35）排气口中是否有连续的水流喷出，若喷出的水流为间断的，则继续排气，直至喷出水流为连续状态，且在排气口水流喷射连续状态下持续排气 3～5min 后结束系统排气；若无水流喷出，查看壶里面是否有冷却液。若没有冷却液，适量加注一些规定的冷却液待观察；若有冷却液，将电池热管理电动水泵按"工作 3min"→"停止工作 1min"周期来进行排气，直至有水流喷出；

图 4-35 电池冷却副水箱安装位置

❸ 在排气过程中或排气完成后，检查电池冷却系统是否漏液。

❹ 排气完成后，观察壶内的液位，若液位低于 max 线，则需要进行补液，让电池冷却介质液位接近 max 线。

4.3.10 部件快拆：奇瑞小蚂蚁冷却部件拆装

以奇瑞小蚂蚁 EQ1 电动汽车为例，冷却系统部件拆装须注意以下事项。

❶ 拆装作业应在停机一段时间后进行，以防止冷却液余温烫伤。
❷ 拆装作业前应佩戴好劳保防护用品，以防被烫伤、划伤。
❸ 拆装作业前应断开电源。
❹ 拆装作业前应将冷却液放干净，拆冷却水管时应避免溅到高压电器设备上。

冷却系统拆卸与安装的步骤如下：

❶ 拆前保险杠、前保险杠横梁（拆卸步骤参见车身及内外饰部分）。

❷ 在电机和控制器温度较低时拧开膨胀箱盖，见图 4-36，用举升机举起车辆，举升注意安全。

❸ 准备防冻液收集桶，用卡箍钳松动水泵进出水管总成卡箍，见图 4-37，并泄放冷却液。力矩：（25±4）Nm。

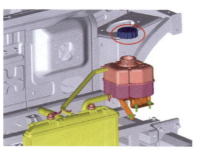
图 4-36 拧开膨胀箱盖

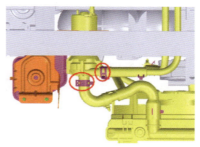
图 4-37 松开进出水管

❹ 拔下水泵插接件插头,用 8# 套筒拆电子水泵总成安装螺栓,见图 4-38,取下电子水泵总成。

❺ 拆卸水管接头,拔下水管固定卡扣,见图 4-39。

图 4-38 拆下电子水泵安装螺栓

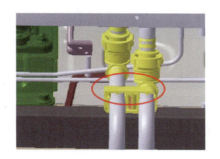
图 4-39 拔下水管固定卡扣

❻ 如图 4-40 所示,拆电机出水管连接地板冷却排管总成端卡箍,释放电机冷却液。

❼ 拆电机控制器进水管端连接地板冷却排管总成端卡箍,见图 4-41。

图 4-40 释放电机冷却液

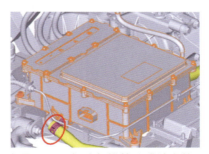
图 4-41 拆冷却排管总成端卡箍

❽ 如图 4-42 所示,拔下后机舱冷却管总成固定卡扣。

❾ 落车拆下散热器除气管两端卡箍、散热器进水软管卡箍、膨胀箱出水管,见图 4-43。

❿ 轻掰膨胀壶卡扣取出膨胀壶,用 6# 套筒拆膨胀壶支架,取出支架,见图 4-44。力矩:(10±1)Nm。

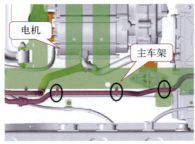

图 4-42 取下冷却管总成固定卡扣

图 4-43 拆下散热器除气管卡箍

⑪ 用 6# 套筒拆电子扇上安装螺栓,见图 4-45,拔掉风扇插接件,取出风扇。

图 4-44 取出膨胀壶支架

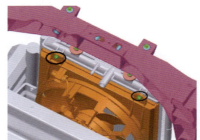

图 4-45 拆下电子风扇上的安全螺栓

⑫ 拆下前保险杠总成、前保险杠下护板、前保横梁总成(参见车身及内外饰部分)。
⑬ 抽空调系统冷媒后拆下冷凝器进出管路。
⑭ 拆除散热器上支架上的两个安装螺栓,见图 4-46,取出散热器及冷凝器总成。力矩:(10±1) Nm。
⑮ 从散热器下横梁取出两个安装软垫,见图 4-47。

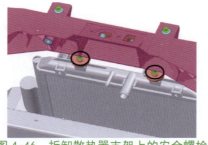

图 4-46 拆卸散热器支架上的安全螺栓

图 4-47 取出散热器横梁上的安装软垫

⑯ 安装步骤与拆卸步骤相反。

4.3.11 案例精解:比亚迪唐 DM 电池加热器故障排除

一辆比亚迪唐 DM 车辆充满电后无法使用 EV 模式,组合仪表提示"EV 功能受限",如

图 4-48 所示。

❶ 使用 VDS 读取电池管理器系统报"预充失败"故障，如图 4-49 所示。

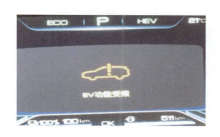

图 4-48 仪表提示故障信息

图 4-49 故障代码提示内容

❷ 读取电池管理器数据流 SOC 为 100%，电池组当前总电压 740V，在车辆上电过程中分压接触器 1、负极接触器、预充接触器均为吸合状态，2s 后预充状态为"预充失败"，在预充过程中读取前、后驱动电机控制器的母线电压均为 293V 左右（预充电压明显异常），如图 4-50 所示。

图 4-50 数据流显示状态信息

❸ 读取车辆其它高压系统发现，在电池加热器系统中报"B194604：1#IGBT 驱动芯片功能失败""B195512：IGBT 短路故障""B194807：驱动组件故障"并且为当前故障，断开高压系统后测量电池加热器管压降时发现，正测 0.473V，反测 0.473V（异常），如图 4-51 所示。

(a) 正向测量

(b) 反向测量

图 4-51 测量加热器管压降（故障车辆）

❹ 测量正常车辆，正测 OL，反测 1.291V，如图 4-52 所示。故障车的电池加热器管压降不正常，重新更换电池加热器总成后试车故障排除。

图 4-52 测量加热器管压降（正常车辆）

4.3.12 案例精解：比亚迪 e5 冷却系统故障排除

▶ **故障现象：**

一辆 e5 行驶 3300km，在急加速或行驶一段路后出现严重顿挫、闯车现象；故障指示灯、仪表不亮，但功率表会从 25kW 掉到 10kW，且来回摆动。

▶ **维修过程：**

❶ 使用 VDS1000 扫描，没有历史故障码，且在 VTOG、电池管理器数据流中未发现异常。

❷ 试车至故障出现时查看 VTOG 数据流发现：电机扭矩 62 和电机功率 26 瞬间掉到 0，且来回跳动。

❸ 进一步查看发现，出现挫车时，IGBT 温度达到 99℃，分析挫车的原因是 IGBT 过温导致的功率限制。

❹ 检查冷却系统：电子扇工作正常；检查电子水泵发现没有运转，测量电子水泵接插件供电电压 13.41V，正常。

❺ 更换电子水泵试车故障排除，查看 VTOG 数据流 IGBT 温度为 43℃，恢复正常。

▶ **故障排除：** 更换电子水泵。

第 5 章

智能底盘系统

5.1　电子悬架（EDC）

5.1.1　结构秒认：问界 M9 电子悬架系统组成

问界 M9 全系标配封闭式空气悬架加 CDC 可变阻尼减振动器。封闭式空气悬架可实现车身五挡智慧调节，最大调节范围 80mm，在坑洼路面上行驶时，车辆能够自动补偿为目标高度，增大离地间隙，大幅提升通过性，防止底盘剐蹭。在高速时可降低车身高度，减少风阻，以获得更好的能耗和稳定性表现。CDC 电控减振器能够对减振器的阻尼进行毫秒级调整，保证车身姿态始终得到稳定的控制。

前悬架采用双叉臂独立悬架，双叉臂悬挂拥有上下两个叉臂，横向力由两个叉臂同时吸收，支柱只承载车身重量，因此横向刚度大。双叉臂式悬挂通常采用上下不等长叉臂（上短下长），让车轮在上下运动时能自动改变外倾角并减小轮距变化，以减小轮胎磨损，并且能自适应路面，轮胎接地面积大，贴地性好。前悬架结构如图 5-1 所示。

后悬架采用多连杆式独立悬架。多连杆悬挂在收缩时能自动调整外倾角、前束角，使后轮获得一定的转向角度。通过对连接运动点的约束角度设计使得悬挂在压缩时能主动调整车轮定位，能完全针对车型做匹配和调校，以最大限度的发挥轮胎抓地力，从而提高整车的操控极限。后悬架结构如图 5-2 所示。

电子空气悬架以空气弹簧和减振器为基础，引入 ECU 控制单元、转向角度传感器、车身高度传感器、空气压缩机、速度和制动传感器，通过 ECU 的精密计算，利用电磁阀改变空气弹簧内的气体容量和压力来实现软硬调节，使悬架兼有舒适性和运动性的特性。此外还可通过 ECU 和空气压缩机实现车身高度的自动或手动调节，使用空气悬架很容易实现车身自水平调节，自水平调节机构一般就集成在悬架系统内。空气悬架控制系统部件如图 5-3 所示。

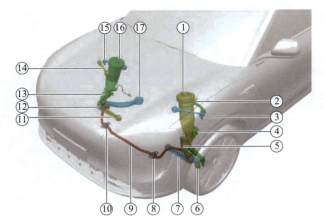

图 5-1 前双叉臂独立悬架

1—前减振器总成（左）；2—上后控制臂总成（左）；3—上前控制臂总成（左）；4—下后控制臂总成（左）；5—前稳定杆接头总成（左）；6—下前控制臂外球销总成（左）；7—下前控制臂总成（左）；8—前稳定杆支架（左）；9—前稳定杆；10—前稳定杆支架（右）；11—下前控制臂总成（右）；12—下前控制臂外球销总成（右）；13—前稳定杆接头总成（右）；14—上前控制臂总成（右）；15—上后控制臂总成（右）；16—前减振器总成（右）；17—下后控制臂总成（右）

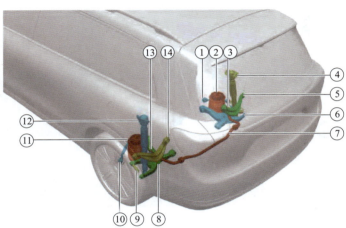

图 5-2 后多连杆式独立悬架

1—后前束控制臂总成（右）；2—后空气弹簧（右）；3—后稳定杆接头总成（右）；4—后减振器总成（右）；5—后上摆臂（右）；6—后下摆臂总成（右）；7—后稳定杆；8—后下摆臂总成（左）；9—后下控制臂安装衬管；10—后前束控制臂总成（左）；11—后空气弹簧（左）；12—后减振器总成（左）；13—后稳定杆接头总成（左）；14—后上摆臂（左）

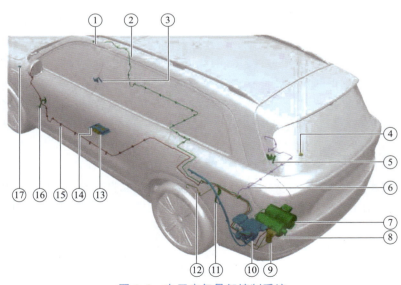

图 5-3 电子空气悬架控制系统

1—加速度传感器总成（右前）；2—悬架空气管1号总成；3—前悬架高度传感器总成（右）；4—加速度传感器总成（后）；5—后悬架高度传感器总成（右）；6—悬架空气管5号总成；7—悬架储气罐总成；8—悬架空气管7号总成；9—干燥剂总成；10—空气供给单元；11—后悬架高度传感器总成（左）；12—悬架空气管6号总成；13—主动悬架控制单元总成；14—主动悬架控制单元安装支架；15—悬架空气管3号总成；16—前悬架高度传感器总成（左）；17—加速度传感器总成（左前）

5.1.2 原理秒懂：问界 M9 电子悬架控制原理

空气悬架是一个电子调节的减震及车身水平高度调节系统。根据车道条件和行驶情况调节减振器的硬度。此外，空气悬架还会根据车速对车身水平高度逐级调节，以降低高速时的空气阻力并在低速时提高离地间隙。

空气供给单元（ECAS）实现空气悬架高度控制；主动悬架控制单元总成（EDC）实现车辆悬架阻尼控制，输出车身高度信号；整车域控制器（VDC）根据用户设置请求悬架高度和阻尼模式。系统原理框图如图 5-4 所示。

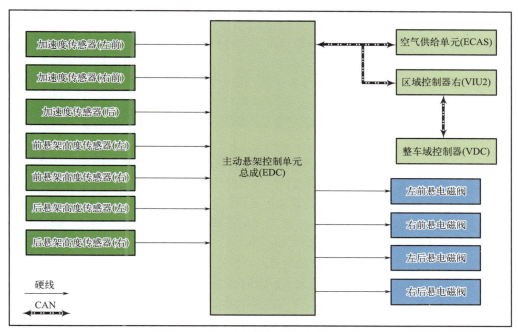

图 5-4　电子空气悬架系统控制原理图

❶ 高度手动调节：VDC 下发悬架高度请求信号给 ECAS，当 VDC 连续或多次发送高度请求时，ECAS 需实时反馈目标高度，中断当前调节动作并执行最后一高度请求。

❷ 高度自动调节：ECAS 开始调节悬架高度至"很高、高、标准、低、很低"，发送目标高度，高度调节完毕，ECAS 发送实际高度。

❸ 低压下电自动调节：ECAS 保持当前悬架高度，若下电后未完成高度调节，ECAS 需要在高度调节完成后再进入下电休眠。

❹ 静态车身姿态调节：ECAS 休眠后第 5h、12h 和 48h 各自唤醒一次，休眠超过 48h 后不再唤醒，ECAS 唤醒后通过网络唤醒 EDC，然后检测四个车身高度，不在预设高度时，调节车身高度至预设高度。

❺ 上下车高度调节：ECAS 接收到 VDC 信号，ECAS 开始调节悬架高度，发送目标高度，高度调节完毕，ECAS 发送实际高度。

❻ 空气弹簧过热保护：接收 ECAS 发送过热信号，仪表提示"悬架系统进入过热保护，

暂不可用"，播放告警音。

❼ 空气弹簧故障提示：接收 ECAS 发送信号"轻微故障"，仪表显示黄色空气弹簧系统故障指示灯，提示"空气弹簧系统故障，请尽快联系售后检修"，播放告警音；接收 ECAS 发送信号"一般故障"，仪表显示黄色空气弹簧系统故障指示灯，提示"空气弹簧系统故障，请尽快联系售后检修"，播放告警音；接收 ECAS 发送信号"严重故障"，仪表显示红色空气弹簧系统故障指示灯，提示"请靠边停车并检修空气弹簧系统"，播放告警音；接收 ECAS 发送信号"超载状态"，仪表提示"车辆已超载"，播放告警音。

❽ 减振器模式调节：VDC 根据驾驶员选择的驾驶模式和道路模式进行解析，下发减振器模式请求信号给 EDC，EDC 接收 VDC 发送的信号"舒适、标准、运动"，EDC 调节减振器模式到"舒适、标准、运动"，并反馈信号，VDC 高度请求信号持续发送至 EDC 回复对应的目标模式为止。

❾ 抗点头控制：当接收到"车辆急减速、车辆刹停、驾驶员快速松开加速踏板"信号时，EDC 调节减振器阻尼，防止车辆点头。

❿ 抗后蹲控制：当接收到"车辆急加速"信号时，EDC 调节减振器阻尼，防止车辆后蹲。

⓫ 抗侧倾控制：当接收到"车辆急转弯、车辆处于较大侧向加速度状态"信号时，EDC 调节减振器阻尼，防止车辆侧向倾斜。

⓬ 减振器阻尼自动控制：EDC 根据车辆车速、路况变化调节减振器阻尼。

⓭ 减振器故障提示：接收 EDC 发送信号"系统故障"，仪表显示黄色减振器系统故障指示灯，提示"减振器系统故障，请尽快联系售后检修"，播放告警音。

⓮ 道路预瞄阻尼控制：根据智驾系统提供的路面特征信息，减振器提前进行阻尼预调节，提高驾驶舒适性。

a. MDC 扫描获取车辆前方道路，并对道路特征进行识别。

b. MDC 根据车辆运动状态预测未来一段时间内的两侧车轮轨迹。

c. MDC 对轨迹上的路面特征进行分段处理，并以每 10ms 的周期给 EDC 发送距当前时刻一段时间内的路面特征数据。

d. EDC 接收到前方路面特征数据后，通过改变电流对减振器阻尼特性来进行调节，使得减振器在特征路面到来时及时输出相应的阻尼力值。

⓯ 维修模式：禁用空气悬架高度调节是接收到 VDC 禁用空气弹簧高度调节的请求，ECAS 判断禁用空气弹簧调节功能条件满足时，ECAS 禁用空气悬架调节；空气悬架维修模式退出是接收到 VDC 解除空气弹簧维修模式的请求，ECAS 恢复空气弹簧高度调节功能。

5.1.3 结构秒认：小鹏 X9 电子悬架系统组成

空气悬架由智能悬架控制器（ECU）、供气单元、供气单元电磁阀盒、储气罐、空气气管、空气弹簧、加速度传感器、高度传感器等部件组成。系统组成如图 5-5 所示。

空气悬架中供气单元主要由压缩机和阀体两大部分组成。其中压缩机负责压缩空气并储存至储气罐内，阀体负责分配各轮空气弹簧的气压。压缩机本身集成了温度传感器和泄压阀，阀体上安装有压力传感器。智能悬架控制器通过压力传感器采集管路压力信息控制泄压阀和压缩机工作，通过温度传感器采集压缩机工作温度，根据压缩机运行时间和温度信号计算出压缩机的最高允许温度，并在超过某个界限值时关闭压缩机或不让压缩机接通，避免压缩机过热。

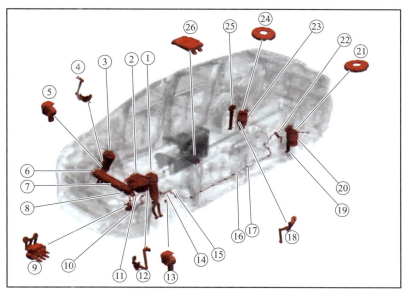

图 5-5　电子空气悬架系统

1—左前空簧滑柱总成；2—供气单元；3—右前空簧滑柱总成；4—右前高度传感器总成；5—右前轮加速度传感器；6—空气气管（ASU—右前）；7—储气罐；8—空气气管（压缩机—电磁阀1）；9—供气单元电磁阀盒；10—空气气管（ASU—储气罐）；11—空气气管（ASU—左前）；12—左前高度传感器总成；13—左前轮加速度传感器；14—空气气管（ASU—左后1）；15—空气气管（ASU—右后1）；16—空气气管（ASU—左后2）；17—空气气管（ASU—右后2）；18—右后高度传感器总成；19—左后电磁可调减震器总成；20—左后空气弹簧总成；21—左后空气弹簧上支座；22—左后高度传感器总成；23—右后空气弹簧总成；24—右后空气弹簧上支座；25—右后电磁可调减震器总成；26—智能悬架控制器

在空气悬架中空气气管负责输送压缩空气，储气罐负责储存空气、稳定系统气压、缓冲悬架运动产生的冲击。

空气弹簧是空气悬架中的执行元件，负责执行系统输入的悬架性能需求。智能悬架控制器（ECU）通过电磁可调减振器上安装的减振阀，进而调节空气弹簧的阻尼强度，通过调整系统气体压强来调整悬架高度。

5.1.4　原理秒懂：小鹏 X9 电子悬架控制原理

空气悬架车型将传统悬架中的螺旋弹簧替换为空气气囊，减振器替换为电磁可调减振器。通过调节气囊气压可以控制气囊弹簧的行程，调节电磁可调减振器控制悬架的软硬，以带来不同的驾驶体验。空气悬架中智能悬架控制器（ECU）通过驾驶员选择的运动模式、车身高度值，结合各传感器采集车辆运动信息，通过控制电磁可调减振器、空气弹簧充气来调整车辆悬架，在高速行驶时可以调整悬架变硬来提高车身的稳定性；而长时间在低速不平的路面行驶时，可以调整悬架变软来提高车辆的舒适性等悬架性能需求。电子空气悬架系统原理图如图 5-6 所示。

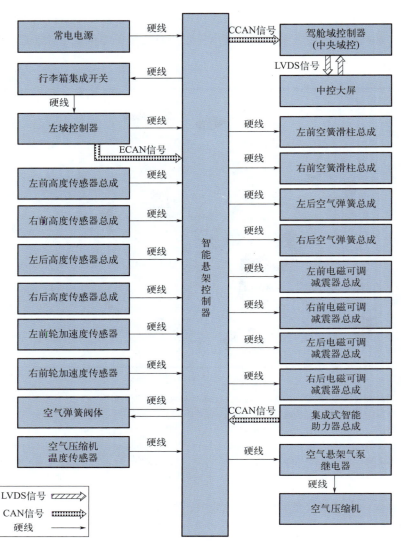

图 5-6 电子空气悬架原理框图

  5.1.5 故障速诊：问界 M9 纯电车型电子悬架系统故障诊断

以赛力斯问界 M9 纯电车型为例，当主动悬架控制单元总成不工作，或诊断仪无法进入主动悬架控制单元总成时，进行以下步骤排除故障。系统故障码含义及对应的诊断方法可扫码（见封底说明）查阅拓展案例。

❶ 整车断电，静置 5min。确认线束及接插件无老化、开裂、松脱、烧蚀、脏污等现象。确认检查结果是否正常，正常进入下一步，否则更换或维修线束。

❷ 测量蓄电池正极与负极之间的电压值。电压标准值：8.5～16.5V。确认电压是否符合标准值，是进入下一步，否则对蓄电池进行充电测试，并检修充电系统。

❸ 检查保险丝 BF19（15A）。确认保险丝 BF19（15A）是否正常，正常进入下一步，否则更换保险丝。

④ 断开主动悬架控制单元总成接插件 CC77。整车上电，测量 CC77 端子 1P 对地之间的电压值，如图 5-7 所示。测量 CC77 端子 1Q 对地之间的电压值。电压标准值：8.5V～16.5V。确认电压是否符合标准值，是进入下一步，否则更换或维修线束。

⑤ 整车断电，静置 5min。断开区域控制器（左）接插件 CC16。测量 CC77 端子 3C 与 CC16 端子 18 之间的电阻值，如图 5-8 所示。电阻标准值：小于 1Ω。确认电阻是否符合标准值，是进入下一步，否则维修电路中的开路/电阻过大故障。

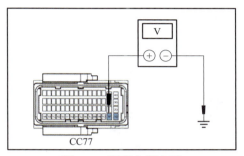

图 5-7 测量电源电压

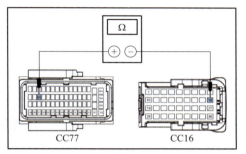

图 5-8 测量线路通断

⑥ 测量 CC77 端子 3C 与接地之间的电阻值。电阻标准值：大于 1kΩ。确认电阻是否符合标准值，是进入下一步，否则维修电路中的对地短路故障。

⑦ 断开主动悬架控制单元总成接插件 CC77。测量 CC77 端子 4P 对地之间的电阻值。测量 CC77 端子 4Q 对地之间的电阻值。电阻标准值小于 1Ω。确认电阻是否符合标准值，是进入下一步，否则更换或维修线束。

⑧ 断开主动悬架控制单元总成接插件 CC77。断开区域控制器（右）接插件 CC68。测量 CC77 端子 1L 与 CC68 端子 40 之间的电阻值，如图 5-9 所示。测量 CC77 端子 1M 与 CC68 端子 39 之间的电阻值。电阻标准值小于 1Ω。确认电阻是否符合标准值，是进入下一步，否则维修电路中的开路故障。

⑨ 更换区域控制器（左）。整车上电，连接诊断仪，清除故障码。确认模块故障码是否依然存在，是进入下一步，否则诊断结束，将车辆恢复原状。

⑩ 更换主动悬架控制单元总成。整车上电，连接诊断仪，清除故障码，确认模块无重新设置故障码。诊断结束。

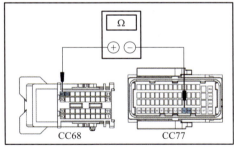

图 5-9 测量线路通断

5.2 智能制动（IPB）

5.2.1 原理秒懂：制动能量回收系统

以吉利星越 PHEV 车型为例，制动能量回收，又称回馈制动或再生制动，对于电驱动车辆而言，是指在减速或制动过程中，驱动电机工作于发电状态，将车辆的部分动能转化为电能储存于电池中，同时施加电机回馈转矩至驱动轴，对车辆进行制动。

制动能量回收技术具有如下优点：增加了电驱动车辆一次充电的续驶里程；通过电机分担总制动力，减少了传统制动器的磨损；电机参与电动汽车动力学控制，控制方式灵活，提高安全性。

车辆需要减速时，松开加速踏板，电机参与制动，将电机驱动轴部分制动动能回收存储在电能存储装置中，如图 5-10 所示。

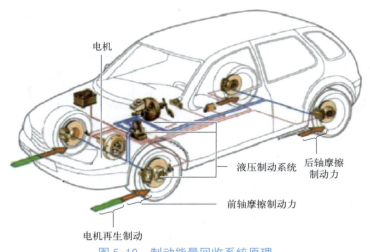

图 5-10 制动能量回收系统原理

制动能量回收能量流（图 5-11）：车轮→传动系统→电机→电机控制器→动力电池。

图 5-11 制动能量回收能量流

能量回收模式具有以下三种控制策略，它们的特点见表 5-1。

表 5-1　能量回收模式

控制策略	控制图例	控制特点	回收效率	制动感觉
单踏板回收	（制动力 - 回馈制动力 vs 加速踏板行程）	在加速踏板释放过程中进行能量回收，无需改动摩擦制动系统	能量回收效率较高	制动感觉异于燃油车
叠加式	（制动力 - 回馈制动力+摩擦制动力 vs 制动踏板行程）	回馈制动力直接加在摩擦制动力上，对摩擦制动系统改动小	能量回收效率低	制动感觉差
协调式	（制动力 - 摩擦制动力+回馈制动力 vs 制动踏板行程）	优先使用回馈制动力，调节摩擦制动力，需改造摩擦制动系统	能量回收效率高	制动感觉好

5.2.2　结构秒认：比亚迪新能源车 IPB 系统组成

以比亚迪汉车型为例，如图 5-12 所示，IPB 由带电控单元的液压模块和各传感器组成（封底二维码提供相关参考视频）。

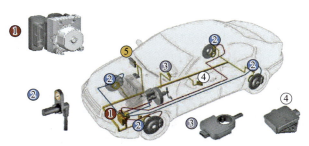

图 5-12　IPB 系统组成

图 5-12 中，①为带电控单元的 IPB 液压调节模块；②为轮速传感器；③为方向盘转角传感器（转向系统发出转角信号则无此模块）；④为外置惯性传感器；⑤为 CAN 网络各模块之间的通信。

IPB 功能选择性地在各个车轮上施加制动，以试图将车辆保持在驾驶员选择的方向上。

方向盘转角信号由转向系统控制器发出，测量方向盘当前的转角值，以标准的 CAN 信号输出。

方向盘转角传感器在车上安装以后需要标定（校准），以确保方向盘中间位置与方向盘转角传感器 0°位置一致（即车辆直行时方向盘转角值为 0°）。

车轮的旋转速度是控制系统的重要输入变量。车轮速度传感器检测车轮的旋转速度，并将电信号传递到控制单元。速度信号用于计算车轮与路面之间的打滑程度。

惯性传感器信号用于计算车辆的实际运动,如果驾驶员目标方向和车辆的实际运动有很大的不同,惯性传感器会根据测量车辆回转的角速率和角速度或倾角进行分析,然后ECU对某个车轮发出控制指令,IPB功能会尝试通过应用有选择地刹车。

通过方向盘的位置、车轮速度、油门位置、制动压力,ECU可识别驾驶员意图;通过横摆角速度、侧向力(加速度),ECU计算并识别车辆状态;ECU计算可保持稳定所需的控制量,液压模块根据需要快速分别对单个车轮进行制动。此外,IPB还能通过与发动机系统之间互相通信,减小发动机的扭矩输出。

5.2.3 总成快换:比亚迪唐 DMi 插混 IPB 总成更换

以比亚迪唐 DMi 车型为例,IPB 集成制动控制系统总成的更换步骤如下。

❶ 整车上电点火。
❷ 将 IPB 集成制动控制系统总成设置为"安装模式"。
❸ 整车下电熄火。
❹ 拆下前舱的通风盖板总成、空气滤清器总成、雨刮总成、雨刮电机总成、流水槽总成等 IPB 周边零部件(视具体情况)。
❺ 拆下前舱线束与 IPB 集成制动控制系统总成的连接接插件,包括液位报警器、IPB 集成制动控制系统总成 ECU。
❻ 拆下 IPB 集成制动控制系统总成与远程液壶的连接油管。为了防止溅洒,要将远程制动液壶里的制动液吸出,并将连接油管口堵住。
❼ 预先拆除降落动力总成所需的零部件,然后适当降落前舱动力总成。注意断开动力总成与周边件的连接配合,以免损坏零部件(视具体情况)。
❽ 断开制动硬管与 IPB 集成制动控制系统总成的连接。为了防止制动液溅洒,要用维修用毛巾或防尘塞将出油口和硬管接头堵住。
❾ 拆下制动灯开关,然后拆下 IPB 集成制动控制系统总成与制动踏板连接的四个螺母,用制动踏板球笼专用拆卸工具断开制动踏板臂与 IPB 集成制动控制系统总成的连接。注意拆卸时防止 IPB 从前舱跌落,防止制动踏板支架变形。
❿ 取下 IPB 集成制动控制系统总成。注意不要使制动硬管出现变形或损坏。
⓫ 如图 5-13 所示将 IPB 备件从包装箱里取出,若 IPB 备件从高处掉落则不能再继续使用。

图 5-13 正确的提取与搬运方法

⓬ 更换 IPB 近程制动液壶。

⑬ 确保IPB各部件位置正确后将四个螺柱（图5-14中的A）插入安装孔位，手动拧紧安装螺母，待位置相对稳定后用气动或电动工具拧紧至25Nm，如图5-14所示。注意确保在安装过程中IPB不会受到撞击，IPB安装衬垫和车身安装面需清洁无异物；

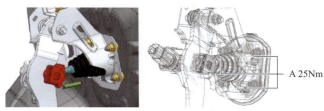

图5-14 安装固定螺栓

⑭ 轻压制动踏板面使IPB推杆球头压入踏板臂球窝，在连接过程中应避免从侧面推IPB推杆（安装后推杆绕各方向的角度＜3°）。

⑮ 用合适的工具移除IPB集成制动控制系统总成出液口和制动硬管的密封堵头，避免损坏螺纹和密封区域。

⑯ 用指定的力矩将制动硬管连接到IPB相应的出液口，如图5-15所示。注意不要装错制动硬管，否则会导致制动失效。装配力矩要求：M10硬管接头，（18±2）Nm；M12硬管接头，（20±2）Nm。

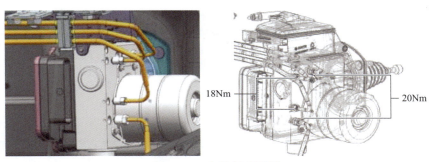

图5-15 安装制动硬管

⑰ 拆掉IPB近程制动液壶进油口堵塞，然后将制动液壶连接软管连接至IPB近程制动液壶，并用卡箍紧固，如图5-16所示。

图5-16 安装连接软管

⑱ 将前舱线束与IPB集成制动控制系统总成的ECU和液位传感器连接，如图5-17所示。

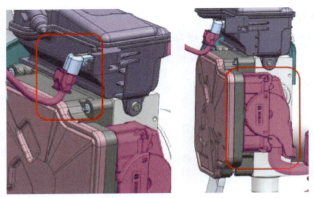

图 5-17　安装液位传感器与控制连接器

⑲ 用与拆卸相反的顺序将 IPB 集成制动控制系统总成周边环境件进行安装。
⑳ 整车上电,使 IPB 集成制动控制系统总成进入"安装模式"。
㉑ 用干式排气的方法进行制动系统排气。
㉒ 排气完成后,进行 IPB 车型配置写入及传感器标定。
㉓ 重新上电点火,检查仪表制动系统警告灯是否都已熄灭。
㉔ 以与拆卸相反的顺序将 IPB 集成制动控制系统总成周边环境件进行安装。

5.2.4　电路速检:比亚迪 IPB 控制器端子信息

IPB 系统电气线束端子连接器的端子分布如图 5-18 所示,端子定义与电气参数如表 5-2 所示。

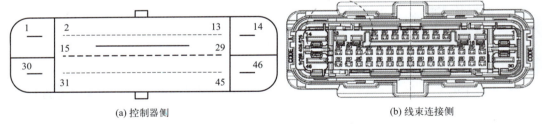

(a) 控制器侧　　　　　　　　　　　　(b) 线束连接侧

图 5-18　IPB 控制器连接端子分布图

表 5-2　IPB 控制器连接端子定义

端子号	名称	定义	接法	信号	电流/A	电源	备注
1	GND	电源地	电源地	—	60	常电	端子镀银,线径 6mm
11	CAN1-H	高信号线 1	CAN 高(私有网)	脉冲	0.15	ON	私有 CAN
7	左前轮速传感器	传感器信号线	传感器信号线	脉冲	0.014	ON	
5	CAN2-H	高信号线 2	CAN 高(ESC 网)	脉冲	0.15	ON	公共 CAN
14	VCC	ECU 电源正	ECU 电源	直流	60	常电	端子镀银,线径 6mm,60A 保险

续表

端子号	名称	定义	接法	信号	电流/A	电源	备注
25	CAN1-L	低信号线1	CAN 低（私有网）	脉冲	0.15	ON	私有 CAN
20	右后轮速传感器线束	传感器电源线	传感器电源线	直流	0.014	ON	
21	左前轮速传感器	传感器电源线	传感器电源线	直流	0.014	ON	
23	左后轮速传感器线束	传感器信号线	传感器信号线	脉冲	0.014	ON	
19	CAN2-L	低信号线2	CAN 低（ESC 网）	脉冲	0.15	ON	公共 CAN
26	右前轮速传感器	传感器信号线	传感器信号线	脉冲	0.014	ON	
30	GND	电源地	电源地	—	60	常电	端子镀银，线径6mm
33	ESC OFF	开关	ESP OFF 开关信号	脉冲	0.1	ON	
35	HDC 开关	开关	HDC 开关信号	脉冲	0.2	ON	
36	Ignition	电源线	点火开关	脉冲	1	ON	
37	右后轮速传感器线束	传感器信号线	传感器信号线	脉冲	0.014	ON	
38	液位报警线束	传感器信号线	传感器信号线	脉冲	>0.005	ON	
39	左后轮速传感器线束	传感器电源线	传感器电源线	直流	0.014	ON	
40	AVH 开关	开关	AVH 开关信号	脉冲	0.1	ON	
42	右前轮速传感器	传感器电源线	传感器电源线	直流	0.014	ON	
46	VCC	电机电源正	电机电源	直流	60	常电	端子镀银，线径6mm，60A 保险

5.2.5 故障速诊：比亚迪汉车型 IPB 系统故障诊断

如果制动系统存在故障，但 IPB 没有存储故障码，此类故障称为无故障码故障。无故障码故障一般由基础制动系统故障所致，如下列所示。

❶ 制动液泄漏（可能引起制动偏软，制动踏板行程过长，严重的可能引起制动失效）。

❷ 使用劣质的制动液（使用劣质制动液会腐蚀制动管路和 IPB 液压调节模块内部元件，严重的还会导致制动失效）。

❸ 制动管路有空气（可能引起制动偏软，甚至制动失效）。

❹ 制动管路堵塞（可能引起制动偏硬，甚至制动失效）。

❺ 制动盘过度磨损（可能引起制动偏软，制动踏板行程过长）。

❻ 助力器故障（可能引起制动偏硬或偏软，制动踏板行程过长，严重的还会导致制动失效）。

❼ 制动管路连接错误（可能引起 IPB 性能下降，出现摆尾，刹车距离长等现象。正确安装方法请参照 IPB 液压调节模块上油孔附近标识：MC1 表示 1 号主缸油管；MC2 表示 2 号主缸油管；FL 代表左前轮缸油管；FR 代表右前轮缸油管；RL 代表左后轮缸油管；RR 代表右后轮缸油管。）

注意： IPB 无供电或供电异常中断会导致出现 ABS 和 ESP 警告灯长亮，但没有故障码的现象。

◉ **故障排除建议**：针对故障现象检查相应部件，并根据车辆维修手册进行故障排除。

电子系统中，在电器回路和输入输出信号的地方可能出现瞬时接触不良问题，从而导致偶发性故障。有的时候故障发生的原因会自行消失，所以不容易查出问题所在。当遇到偶发故障时，可按照下列方式模拟故障，检查故障是否再现。

❶ 当震动可能是主要原因时，将 IPB ECU 接插件上下左右轻轻地摇动，将 IPB 线束上下左右轻轻地摇动，将传感器上下左右轻轻地摇动，将其它运动部件（如车轮轴承）轻轻摇动。如果线束有扭断或因为拉得太紧而断裂，就必须更换新零件。

在车辆运动时轮速传感器线束会随着悬架系统的上下移动而形成短暂的开/短路。因此检查传感器线束时必须进行实车行驶试验。

❷ 当温度可能是主要原因时，用吹风机加热被认为可能有故障的零件，用冷喷雾剂检查是否有冷焊现象。

❸ 当用电负载过高可能是主要原因时，打开所有电器开关，包括大灯和雨刮器等，使车辆电源高负载工作。

如果此时故障没有再现，就必须等到下次故障再出现时才能诊断维修。一般来说，偶发性故障会逐渐演变为可再现故障，不会自行消失。

使用诊断仪，读取故障码。如果检测元件时未能发现任何故障，须检查带 ECU 的 IPB 液压调节器及其接地点/电源线。如果记忆了故障码，检查故障码所指的电路。每个故障码的具体维修步骤可扫码（见封底说明）查阅拓展案例。当记忆了两个以上的故障码时，应首先检查与故障现象相关的故障码及其电路。

5.2.6　案例精解：比亚迪秦 EV 报"请检查制动系统"故障排除

◉ **故障现象**：一辆行驶里程超过 40000km 的比亚迪秦 EV，车主反映在市区行驶遇阻时，突然发现踩制动踏板感到很硬，险与前车追尾。

◉ **维修过程**：

❶ 检修时试车确实证明该车有此故障，仪表有"请检查制动系统"的提示，如图 5-19 所示。

❷ 检查制动踏板的杠杆装置、4 个车轮制动器和分泵以及制动管道和制动总泵等，均没有发现异常。

❸ 用检测仪调出有 2 个与真空系统相关的故障码，分别是"U016400"和"B114B00"。

❹ 从现象分析，制动踏板"变硬"应与真空助力器工作异常有关，如果没有真空或真空不足，助力器就不能利用大气与真空间产生的压差助力，踩制动踏板就会变得很重。显然这时应重点检测真空度的大小，读取 ACU 主控制器的动态数据流，发现真空压力仅为 6kPa，远低于要求的 90～100kPa 负压值。

❺ 燃油汽车可利用发动机进气腔产生的真空源，供真空助力器工作。纯电动车没有真空源，故只能专门设置真空泵来产生真空，真空泵由直流电机来驱动。查看真空泵是完好的，再检查电机供给的电压回路，如图 5-20 所示，有 40A 的熔丝 F1/18，通过继电器向真空泵电机供电，检查继电器及熔丝均完好，输入的常电也正常，14V 电压能到达电机端。

图 5-19 仪表提示"请检查制动系统"

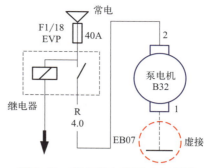

图 5-20 真空泵电机驱动电路图

❻ 用手触摸真空泵电机,发现电机有时运转有时停转没有规律,再进一步检查电机 EB07 的下方负搭铁端,发现螺栓处有腻子灰,存在虚接现象,将 EB07 搭铁端刮擦后重新装上再试车,踩制动踏板轻松自如,该车故障得以排除。

▶ **故障排除**:清理真空泵电机搭铁端子。

5.3 电动转向(EPS)

5.3.1 结构秒认:比亚迪唐 EPS 结构

比亚迪唐车型使用电动助力转向器 R-EPS(电机在齿条上,配非同轴式机械管柱);该系统由传感器(扭矩转角传感器、车速传感器)、控制器(EPS 电子控制单元)、执行器(EPS 电机)以及相关械部件组成,见图 5-21。

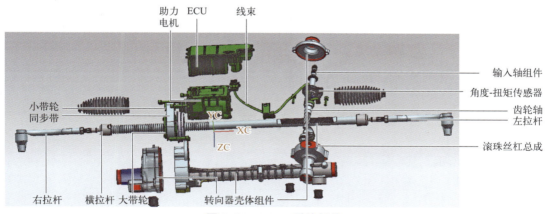

图 5-21 R-EPS 系统部件

5.3.2 原理秒懂:比亚迪 R-EPS 电动助力转向系统原理

汽车转向时,扭矩及角传感器把检测到的度信号大小、方向经处理后传给 EPS 电子控制单元，EPS 电子控制单元同时接收车速传感器检测到的信号，然后根据车速传感器和扭矩及转角传感器的信号决定电机旋转方向和助力扭矩的大小。同时电流传感器检测电路的电流，对驱动电路实施监控，最后由驱动电路驱动电机工作，实施助力转向。其工作原理如图 5-22 所示（封底二维码提供相关参考视频）。

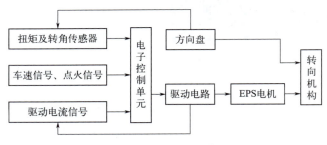

图 5-22　REPS 系统工作原理

5.3.3　设置技巧：比亚迪 EPS 扭矩与转角信号标定

（1）需要标定扭矩信号和转角的情况

❶ 车辆总装下线四轮定位后需要进行扭矩信号标。

❷ 电动助力转向器待横拉杆总成更换后需进行扭矩、转角标定。

❸ 方向盘、万向节、转向管柱被拆卸或更换后，需进行四轮定位时，要进行转角信号标定。

（2）标定注意事项

❶ 转角信号未标定前，禁止进行遥控驾驶操作，否则可能会引起严重损坏故障。

❷ 转角信号和扭矩标定前，方向盘和车轮必须处于中间位置，并且方向盘不受任何外力作用（包括不能手扶方向盘）。

❸ 标定前，车辆没有任何支撑，四轮自由放置在水平地面上。

❹ 标定时，不要晃动车身、开闭车门等。

❺ ON 挡电工况下才能进行标定。

❻ 拆装过管柱 ECU 或转角传感器，也需对这两个系统进行标定。

（3）标定流程

如图 5-23 所示。

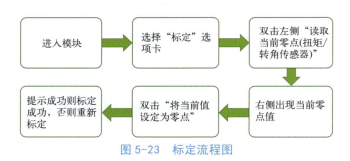

图 5-23　标定流程图

5.3.4 故障速诊：比亚迪 R-EPS 系统数据流分析

R-EPS 系统带有主动回正控制功能及遥控驾驶功能，经过拆换后，需重新进行车辆四轮定位，并标定扭矩转角信号，同时标定 ESP 转角信号，标定以后重新上 ON 挡电清除残留故障码。

当 R-EPS 系统发生故障时，用 VDS1000 读取故障代码，根据故障码定义进行检修。

一般包含 ECU 故障、扭矩转角传感器故障、电机温度、电机过流、电源电压低、电源电压供电线路类故障以及模块通信故障。通过故障码定义和相关的电路图检修，也可以根据具体的数据流对比当前数据是否正常，如图 5-24 所示。

图 5-24　R-EPS 系统数据流

5.3.5 案例精解：比亚迪唐 DM 电动助力转向故障

▶ **故障现象：**

比亚迪唐车辆正常行驶中躲避前方障碍物打方向时和在低速转弯时转向打到一半时突然没有助力，但用力左右转动方向盘会出现助力。

▶ **故障分析：**

电机接插件松动，系统软件是否有升级项目，电机故障，供电电路虚接或短路，搭铁不良。

▶ **维修过程：**

❶ 首先，举升车辆查看接插件是否松动或脱落，特别是电机和 ECU 接插件，经检查接插件正常无故障。

❷ 然后用 VDS1000 检查是否有关于电机的升级更新项目，在扫描后发现电子转向系统有 3 处故障码：扭矩传感器故障；转角信号故障；电机过流故障。见图 5-25。

❸ 分析这 3 个故障有什么共同点，从第 3 个故障看应该是搭铁不良，通过查询电路图发现这 3 个故障是有交集的，找到电机搭铁点发现螺钉处有电烤漆引起的搭铁不良，打磨处理装车试车，故障依旧。

❹ 再次读故障码发现电机过流故障依然存在，分析为电机故障，但是再次拆卸检查搭铁

点，见图 5-26，发现在搭铁点焊接点上有突起点，再观察线卡上的附着面上只有一个点，就是搭铁不良。

❺ 再次打磨搭铁点，把凸点打磨平，再次装车试车，故障消失。

图 5-25　系统故障码显示

图 5-26　搭铁点接触不良

> **维修小结：**

处理搭铁点故障，需同时更换 R-EPS 搭铁螺母。

5.3.6　案例精解：北汽新能源 EV200 行驶中转向无助力故障排除

> **故障现象：**

一辆行驶里程 2.8 万公里的 EV200 电动车，车主反映行车中打转向无助力。

> **维修过程：**

❶ 检查仪表故障指示灯未亮，应该是转向的助力装置不正常。驾车路试，行车中高、低速进行打转向验证，的确在转向时低速不灵活，高速路感差。

❷ 询问车主，得知该车辆在暴雨中涉水行驶一个多小时，车身底部的部件浸泡浑水中。暴雨行驶后车辆在打转向有时候感觉转向助力不得力，随后助力越来越小。

❸ 分析电动助力式转向系统的故障：方向盘分别向左右打至极限位置，如有方向盘抖动、转向机异响等症状时多为转向系统的机械部件有故障；原地转向、低速行驶中转向，如方向盘有沉重、助力效果不足等症状，基本是电动助力系统有故障；电子故障多为转角传感器故障。

在低速行车中出现转向沉重、高速行车中出现转向发飘，常见原因有：接插件未插好，线束接触不良或破损，方向盘安装不正确（扭曲），转矩传感器性能不良，转向器故障，车速传感器性能不良，主保险丝和线路保险丝烧坏，EPS 控制器故障。

根据车主描述，再结合故障车的电动助力转向系统的结构原理和故障现象，判定为电控系统出了问题，以 EPS 控制器为中心，检查相关传感器、电动机和 EPS 控制器本身。

❹ 拔掉 EPS 控制器的所有插接器，发现 A 插头潮湿有锈蚀，其他插头也不是很干燥。检查 EPS 控制器的各插接器（图 5-27），检测各插接器的端子对应的电阻值和电压值：A 插

头的电源正极 12V，负极搭铁正常；其他插头 B、C、D、E 的线束的电压值 12V、5V，正常，搭铁线的电阻值小于 0.5Ω；传感器的信号线有信号，电机短接也转动。检查到这里可以确定 EPS 控制器本身有故障，使 EPS 系统瘫痪不工作，导致转向时的助力失效。北汽 EV200 电动车 EPS 系统电路检修数据可扫码（见封底说明）查阅拓展案例。

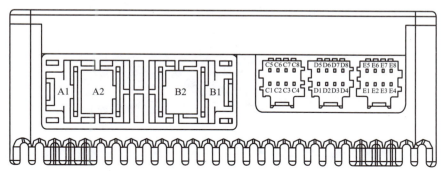

图 5-27　EPS 控制器接插件端子分布

❺ 为了进一步确认故障，找到同款车型 EPS 控制器安装在故障车上，打开点火开关，仪表中的 EPS 指示灯先亮再熄灭，行车路试，模拟全车速进行打转向路感均正常。

▶ **故障排除：**

更换 EPS 控制器。注意须用专用诊断仪连接 EPS 控制器输入代码激活，让 EPS 系统进入工作状态并对 EPS 系统进行如下设定。方向盘打正（前轮处于直线行驶状态）；起动车辆，方向盘向左转动 100°左右，停顿 2s，回正，再向右转动 100°左右，停顿 2s，回正。双手离开方向盘，停顿 2s，然后将方向盘向左打到底，停顿 2s，再向右打到底，停顿 2s，回正；关闭点火开关。等待 3min 后再次打开点火钥匙，对 EPS 系统读取故障码并消除故障码，再读取故障码无故障码，EPS 系统设定成功。

第 6 章

自动驾驶系统

6.1 行车辅助（ADAS）

6.1.1 原理秒懂：自动驾驶技术分级标准

美国汽车工程师协会将自动驾驶技术进行了分级，这是目前国际公认的术语界定，如图 6-1 所示。

自动驾驶分级		称呼(SAE)	SAE定义	主体			系统作用域
NHTSA	SAE			驾驶操作	周边监控	支援	
L0	L0	无自动化	由人类驾驶者全权操作汽车，在行驶过程中可以得到警告和保护系统的辅助	人类驾驶者	人类驾驶者	人类驾驶者	无
L1	L1	驾驶辅助	通过驾驶环境对方向盘和加减速中的一项操作提供驾驶支援，其它的驾驶动作都由人类驾驶员进行操作	人类驾驶者系统			部分
L2	L2	部分自动化	通过驾驶环境对方向盘和加减速中的多项操作提供驾驶支援，其它的驾驶动作都由人类驾驶员进行操作	人类驾驶者系统			
L3	L3	有条件自动化	由无人驾驶系统完成所有的驾驶操作。根据系统请求，人类驾驶者提供适当的应答	系统	系统	系统	
L4	L4	高度自动化	由无人驾驶系统完成所有的驾驶操作。根据系统请求，人类驾驶者不一定需要对所有的系统请求作出应答，限定道路和环境条件等				
	L5	完全自动化	由无人驾驶系统完成所有的驾驶操作。人类驾驶者在可能的情况下接管。在所有的道路和环境条件下驾驶				全域

图 6-1 汽车自动驾驶技术分级标准

L0 属于传统驾驶，L1 和 L2 属于驾驶辅助，L3～L5 属于自动驾驶，L5 的自动驾驶技术等级也称为"无人驾驶"。因此，按照自动驾驶技术等级划分，驾驶辅助<自动驾驶<无人驾驶。

驾驶辅助技术当前已经在量产车上部署，通常称为高级驾驶辅助系统（advanced driver assistant systems，ADAS）。

ADAS利用安装在车上的各式各样传感器，在汽车行驶过程中随时来感应周围的环境，收集数据，进行静态、动态物体的辨识、侦测与追踪，并结合导航仪地图数据，进行系统的运算与分析，从而预先让驾驶者察觉到可能发生的危险，有效增加汽车驾驶的舒适性和安全性。初级的ADAS以被动式报警为主，当车辆检测到潜在危险时，会发出警报提醒驾车者注意异常的车辆或道路情况。对于最新的ADAS技术来说，主动式干预已较为普遍。

驾驶辅助技术处于自动驾驶技术等级的L1和L2，L1阶段车辆开始介入制动与转向其中一项的控制，分担驾驶员的工作，主要有自适应巡航（adaptive cruise control，ACC）、车道保持（lane keep assist，LKA）、紧急制动刹车（automatic emergency braking，AEB）等功能。L2阶段车辆开始接管纵向与横向的多个控制，驾驶操作由系统完成，但司机注意力仍然要保持驾车状态，以便随时接管车辆。与L1的不同在于，横向和纵向系统需要进行融合。

6.1.2 原理秒懂：小鹏X9驾驶辅助系统

以小鹏X9车型为例，该车配备了多个雷达及摄像头视觉传感器部件，如图6-2所示。

前向毫米波雷达位于前保险杠总成内侧正前方，主要功能是用于探测车辆前方的障碍物信息。后视摄像头安装在后保险杠总成中部，主要功能是用于对车尾后面影像的捕捉，将拍摄到的视频实时传输给车内大屏进行显示，帮助驾驶员观察车辆周围环境并预防交通事故。后角毫米波雷达位于后保险杠总成两侧，主要功能是用于探测车辆后方的障碍物信息。前向双目摄像头位于前挡风玻璃总成内侧正上方，主要功能是立体摄像机用于探测车辆前方情况并通过图像处理识别出探测区域内移动和静止车辆的完整尾部，同时双目摄像机用于负责确定车道信息、车辆位置和车辆移动情况。

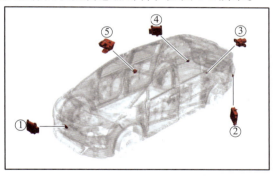

图6-2 驾驶辅助系统传感器部件分布

1—前向毫米波雷达；2—左后角毫米波雷达；3—后视摄像头；4—右后角毫米波雷达；5—前向双目摄像头

6.1.3 原理秒懂：问界M7驾驶辅助系统原理

以问界M7车型为例，该车配置的驾驶辅助系统具备以下功能。

自适应巡航辅助（ACC） ACC是指系统实时监控车辆前方行驶环境，在设定的速度范围内，通过控制油门和制动，自动调整行驶速度并具有减速至停止及从停止状态自动起步的功能，以适应前方交通参与者等引起的驾驶环境的变化。自适应巡航控制功能通过控制油门和制动，保持与前车的安全时距，减轻了驾驶员的驾驶负担，同时提高了驾驶汽车的舒适性和安全性。该功能支持定速巡航、跟车、Go&Stop等多个辅助驾驶功能。自适应巡航控制功能激活后，驾驶员可随时接管纵向控制，系统将优先响应驾驶员的控制。

车道巡航（LCC）　LCC功能主要是基于道路结构认知及定位而进行的巡航辅助功能。功能激活后，系统可同时接管车辆横纵向控制权限，控制转向、油门和制动，实现车道保持、跟车，车道内主动偏移避障、驾驶员指令换道等智能驾驶辅助功能。当LCC系统激活时，驾驶员可随时干预车辆横、纵向控制，系统将优先响应驾驶员的控制。

智驾领航（NCA）　NCA功能是指驾驶员通过ADS导航地图设定目的地，选择并确定导航路径后，在有高精地图与定位信息准确的区域，基于导航信息，控制车辆横纵向，实现从出发地到目的地的"点到点"智能驾驶辅助功能。其中，高速场景的NCA可以支持高速路的巡航、拥堵跟车，车道内主动偏移避障、自动上下匝道、导航换道、超车换道等功能。满足NCA激活条件时，驾驶员可以手动激活NCA或者由LCC自动升级至NCA功能。当车驶出高精地图区域或定位失效时，系统自动退出NCA。当NCA功能激活后，驾驶员可随时干预车辆控制，系统将优先响应驾驶员的控制。

开门预警系统（DOW）　DOW利用传感器检测车侧后方报警区域存在的运动障碍物，信息检测的对象包括车辆（乘用车、客车、货车、挂车及特种车辆等）和二轮车（自行车、电动车、摩托车等）。当车辆静止停车时，系统会结合碰撞TTC时间与障碍物位置信息，判断障碍物和车门发生碰撞的可能性。系统根据碰撞可能性与开门意图给出一级/二级预警。

一级预警（warninglevel 1）　车辆侧后方报警区域出现目标且碰撞时间TTC小于报警阈值。

二级预警（warninglevel 2）　满足一级预警的判断条件且乘员打开对应侧的车门。

前向智能防撞系统（FAEB+）　前向智能防撞系统主要包含前向碰撞预警（FCW）、前向自动紧急制动（AEB）、前向十字交通预警（FCTA）、前向十字交通制动（FCTB）、后向追尾预警（RCW）等系统特性。主要解决车辆前进过程中，前方纵向行驶路径和前方侧向交通流的碰撞风险，以及后方被追尾风险。综合考虑各个方面的潜在碰撞风险，对驾驶员进行报警或者辅助刹车。

车道偏离预警系统（LDW）　LDW主要是指利用摄像头等传感器获取车辆前方车道线，并基于感知得到车辆在车道中的位置；当车辆偏离车道时，系统能通过显示和方向盘震动提醒驾驶员及时控制车辆，在一定车速范围内提高了行车安全性。此功能为驾驶员的提醒功能，不对车辆进行操纵。驾驶员全程需自行控制车辆方向盘。

车道保持辅助系统（LKA）　LKA主要是指利用摄像头等传感器获取车辆前方车道线，并基于感知得到车辆在车道中的位置；然后通过控制转向系统，实现车道偏离抑制功能。车道保持辅助系统在一定车速范围内辅助驾驶员对方向盘的操纵控制，在一定程度上减轻了驾驶员的驾驶负担，提高了行车舒适性，另一方面可以避免无意识的车道偏离，提高了行车安全性。此功能为驾驶员的辅助功能，不能完全代替驾驶员，驾驶员需使手保持在方向盘上，并在必要的情况下操纵车辆。

盲点监测预警系统（BSD）　BSD利用雷达和摄像头检测车辆侧后方及侧前方的目标信息，判断是否有目标在盲区内、是否有碰撞风险，并通过人机界面进行二级告警。盲点检测预警系统在一定车速范围内对驾驶员进行盲区告警变道过程中的碰撞风险，提高了行车的安全性。

紧急车道保持系统（ELK）　ELK实时监测车辆与车道实线、道路边界、侧方车辆的相对位置，在必要情况（可标定TTC，车距）下介入车辆横向运动控制，使车辆保持在原车道内行驶。

后向智能防撞系统（RAEB+） 后向智能防撞系统主要包含后向十字交通预警（RCTA）、后向十字交通制动（RCTB）、后向自动紧急制动（RAEB）等系统特性。主要解决车辆倒车过程中，后方纵向行驶路径和后方侧向交通流的碰撞风险，对驾驶员进行报警或者辅助刹车。本系统通过传感器获取车辆周边环境状态，包括交通参与者、障碍物、车道线等，计算本车的运动轨迹与障碍物的碰撞风险，然后通过声光提醒驾驶员风险存在以及控制驱动和制动系统，实现对后向的碰撞避免或者碰撞缓解。此功能仅为驾驶员的辅助功能，不能完全代替驾驶员，在必要的情况下需要驾驶员立即接管。

交通标志识别/交通信号灯识别系统（TSR&TLR）：TSR交通标志识别/TLR交通信号灯识别系统，通过融合高精标精地图、GPS定位、视觉感知等信息，识别道路两侧及道路上方出现的交通标志交通信号灯，并通过图标声音提示驾驶员。

行车辅助系统原理框图如图6-3所示。

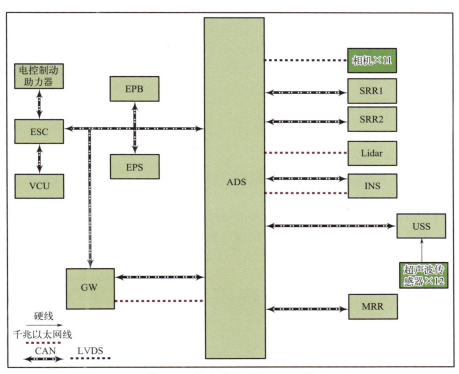

图6-3 行车辅助系统原理框图

6.1.4 设置技巧：吉利几何G6前置摄像头（FCS）标定方法

（1）设备和场地准备

❶ 标定设备1套。

❷ 卷尺或激光测距仪（电子尺）。

❸ Multi-Quick夹具1套。

❹ 激光投影仪1套。

❺ 平整地面。

（2）车辆、标定设备调整

❶ 调整车辆前摄像头到标定板距离：D3=2909mm。
❷ 调整标定设备的底座上的调节螺栓，保证标定板在水平和垂直。
❸ 调整标定板中心高度：H3=1334mm。车辆与标定设备距离尺寸如图6-4所示。
❹ 在车辆后轮两侧安装带有激光投影仪的Mult-Quick夹具，接通激光仪，转动激光仪直至激光点落在基准板的标尺上。
❺ 左右移动标定设备，直至基准板上左右激光点的位置相同，从而保证车辆中心与标定板中心对齐（图6-5）。

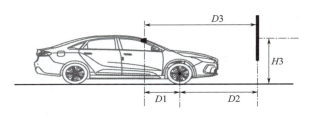

图6-4 设置车辆距离与尺寸

图6-5 标定板的使用

（3）标定程序

❶ 连接故障诊断仪至诊断测试接口。
❷ 钥匙激活车辆电源至ON挡。
❸ 进入诊断仪主界面，自动识别或选择吉利品牌—相应车型—手工选择系统—前摄像头系统—特殊功能—服务站校准功能。
❹ 选择"服务站校准功能"，确保没有故障时，点击"是"。
❺ 如有更换FCS时，输入VIN码；如未更换FCS，选择否。
❻ 写入4个轮眉高度，点击确认并写入。例如，左前轮眉高度XX，右前轮眉高度XX，左后轮眉高度XX，右后轮眉高度XX。
❼ 写入校准板距离前轴距离D2（需手动测量），并点击确认。提示"读取校准结果，请等待…"。
❽ 提示"校准成功"，并点击确认。
❾ 校准结束。

6.1.5 故障速诊：多功能视频控制器（MPC）检修方法

图6-6 MPC安装位置

多功能视频控制器（MPC），是集成在车辆上通过配备的传感器和控制系统来有效并高效地满足消费者保护组织所设立的不断增加安全标准的驾驶员辅助系统。多功能视频控制器总成底座固定在前挡风玻璃上，多功能视频控制器总成模块安装在底座上，如图6-6所示。

当仪表提示检查行人探测系统、车道偏离系统等故障信息，直接用VDS/电脑读取多功能视频控制器模块的故障码，根据不同的故障码采取以下处理措施参照图6-7进行检修。

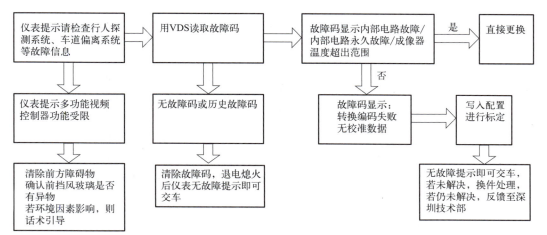

图 6-7　MPC 检修流程

❶ VDS 故障码显示内部电路故障/内部电路永久故障/成像器温度超出范围，对于这三种故障码可以进行换件维修。

❷ VDS 故障码显示转换编码失败：定义为 MPC 未配置，在多功能视频控制器里写入配置可解决。

❸ VDS 故障码显示无校准数据：定义为 MPC 未标定，在多功能视频控制器进行标定可解决。

❹ 针对多功能视频控制器里无当前故障码（无故障码或历史故障码），退电熄火后仪表无故障提示即可。其它模块导致的偶发故障提示，熄火会恢复正常，不属于多功能视频控制器故障。

仪表提示多功能视频控制器功能受限：退电上电后仪表提示故障未消除，首先清洗前挡风玻璃，再检查前挡风玻璃是否有异物遮挡，有异物则清除异物；试退电上电后故障是否消除。可根据不同的故障类型进行快速排查，如表 6-1 所示。

表 6-1　MPC 故障快速排查

多功能视频控制器故障类型	故障判定	解决方法
内部电路故障	硬件故障	更换
内部电路永久故障	软件故障	更换
成像器温度超出范围	硬件故障	更换
转换编码失败	MPC 未写入配置	在多功能视频控制器里写入配置
无校准数据	MPC 未标定	在多功能视频控制器进行标定
内部电路输出电压低	可恢复历史故障码	用 VDS 清除历史故障码

6.1.6 案例精解：比亚迪唐 DM 车型 ACC 中距雷达故障排除

▶ 故障现象：

一辆全新一代唐 DM 车型，车主反馈仪表提示"请检查 HDC 系统""请检查预测性碰撞报警系统"，如图 6-8 所示。

图 6-8 仪表提示故障信息

▶ 维修过程：

❶ 用 VDS 扫描系统，ACC 模块识别不到，多功能视频控制器报故障码为 C1C0100——控制模块 CAN 总线关闭（私有 CAN），电子车身稳定系统报 U100004CAN——总线关闭，C000B04 ACC CAN——数据通信超时，U012604 SAS CAN——通信超时，见图 6-9。

图 6-9 系统故障码信息

❷ 倒换 ACC 中距雷达故障依旧，测量 B60（8）IGl 电正常，B60（1）搭铁正常。测量（ESC CAN B60 2_3）针脚电阻电压正常。

❸ 测量线时发现 B60 插头后端的线有包扎，如图 6-10 所示，询问客户是否维修过，客户说前保险杠撞过，在外面维修后出现的故障。

❹ 查看网络图，结合 VDS 发现 ESC 网所有模块都与 ACC 失去通信。ACC 与 NIPC 有两条网络信号线，查看两 CAN 线颜色一样，如图 6-11 所示，怀疑线接反了，测量 B60-3 到 BaJB01-4 不导通，与 BaJB01-10 导通。明显 B60 的 3～6 接错导致 ACC 模块与 ESC 网通信不成功，

图 6-10 连接器线束有维修痕迹

扫描不到，互换 B60 的 3～6 针脚故障解决。

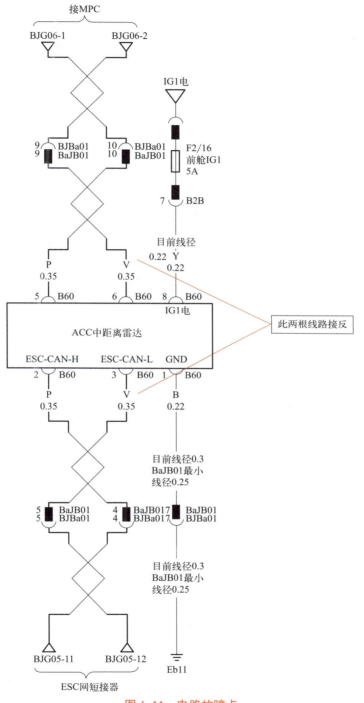

图 6-11 电路故障点

▶ **故障排除：**

互换 B60 的 3～6 针脚。

6.2 泊车辅助(APA)

6.2.1 结构秒认:小鹏 X9 自动泊车辅助系统组成

泊车雷达安装在前后保险杠总成内部,主要功能是用于探测车辆与周围障碍物的距离,用于停车或慢行时探测车前障碍物的距离。

前泊车摄像头总成位于前保险杠总成内侧正前方,主要功能是用于对汽车前方影像进行捕捉,识别出停车通道标识、道路情况和周围车辆状况,送视频信号到自动驾驶域控制器。自动驾驶域控制器合成、拼接视频,为车辆提供 360°成像。

侧泊车摄像头总成位于外后视镜内侧下方,主要功能是对汽车侧方影像进行捕捉,识别出停车通道标识、道路情况和周围车辆状况,发送视频信号到自动驾驶域控制器,自动驾驶域控制器合成、拼接视频,为车辆提供 360°成像。

后泊车摄像头总成位于后背门下方,主要功能是对汽车后方影像进行捕捉,识别出停车通道标识、道路情况和周围车辆状况,发送视频信号到自动驾驶域控制器,自动驾驶域控制器合成、拼接视频,为车辆提供 360°成像。APA 系统组成部件如图 6-12 所示。

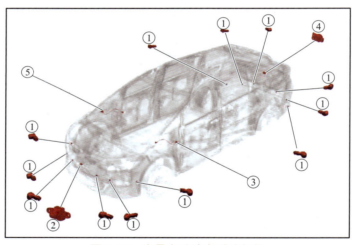

图 6-12 全景自动泊车系统部件

1—泊车雷达;2—前泊车摄像头总成;3—左侧泊车摄像头总成;4—后泊车摄像头总成;5—右侧泊车摄像头总成

6.2.2 原理秒懂:小鹏 X9 汽车 360°全景影像

360°全景环视系统可提供驾驶员辅助影像,以消除驾驶员在停车以及行驶时车辆所产生的盲点。360°全景环视系统使用四组摄像头,用来捕捉环绕在车辆四周的影像,可通过大屏开启 360°全景环视系统。泊车摄像头将图像信息通过视频线传输到自动驾驶域控制器,自动驾驶域控制器接收环视摄像头信息用于鸟瞰图拼接,并将综合处理的图像通过视频线传输到中央域控制器。中央域控制器将图像信息通过 LVDS 线输出给中控大屏用于显示。大屏通过 LVDS 接口接收自动驾驶域控制器输入的视频用于 360°影像的显示,并接收挡位、驾驶员触屏信号实现视图模式切换。全景泊车系统原理图如图 6-13 所示。

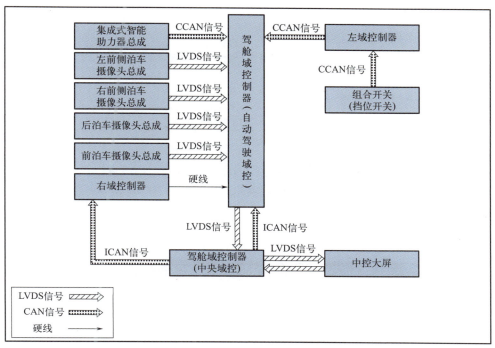

图 6-13 全景自动泊车系统原理图

6.2.3 故障速诊：问界 M7 增程版全景自动泊车系统故障诊断

以赛力斯问界 M7 增程版为例，全景自动泊车系统常见故障诊断如表 6-2 所示。

表 6-2 全景自动泊车系统常见故障排除

故障现象	原理分析	排查步骤	操作
单路摄像头显示模糊	● 摄像头故障	检查摄像头外观是否损坏或者存在水雾	更换摄像头
单路摄像头黑屏	● 线束问题	检查线束（如接插是否到位，线束是否损坏）	维修或者更换线束
	● 摄像头故障	检查摄像头外观是否存在损坏；超声波雷达控制器互换	更换摄像头
全景黑屏	● 影音娱乐系统主机问题	查看行车记录仪或者相机是否也黑屏；重启影音娱乐系统主机	重启影音娱乐系统主机
	● 超声波雷达控制器异常	查看 DTC；超声波雷达控制器互换	更换 APA 控制器
全景闪屏	● 线束问题	检查超声波雷达控制器与影音娱乐系统主机之前的视频线束	维修或者更换线束
全景无法进入	● 线束问题	查看 DTC；检查保险；检查超声波雷达控制器是否供电或者 CAN 线异常；检查超声波雷达控制器的四合一视频线束	更换保险丝；维修或者更换线束
	● 超声波雷达控制器异常	查看 DTC；超声波雷达控制器互换	更换 APA 控制器
	● 仪表问题	查看超声波雷达控制器 DTC，是否存在仪表故障	检查仪表

续表

故障现象	原理分析	排查步骤	操作
全景拼接异常	● 拆装保险杠或者外后视镜后未重新标定	重新标定	360°全景影像校准
	● 摄像头位置有变动	检查摄像头位置相比出厂时是否有变动	360°全景影像校准
	● 更换超声波雷达控制器或者摄像头后未重新标定	重新标定	360°全景影像校准
轨迹线显示异常	● 轨迹线显示开关关闭	检查轨迹线开关是否关闭	打开轨迹线显示开关
	● EPS 转向传感器未标定	检查 EPS 的 DTC	重新标定 EPS
视频信号中断	● 超声波雷达控制器与影音娱乐系统主机之间的视频线束问题	检查 APA 控制器与影音娱乐系统主机之前的视频线束是否异常	维修或者更换线束

6.2.4 故障速诊：问界 M7 增程版多功能摄像头故障诊断

▶ 故障现象：

以问界 M7 增程版电动汽车为例，该车出现多功能摄像头不工作，或诊断仪无法进入多功能摄像头的故障。

▶ 维修过程：

❶ 整车断电，静置 5min。确认线束及接插件无老化、开裂、松脱等现象。确认检查结果是否正常，正常进入下一步，否则更换或维修线束。

❷ 测量蓄电池正极与负极之间的电压值。电压标准值：8.5～16.5V。确认电压是否符合标准值，是进入下一步，否则对蓄电池进行充电测试，并检修充电系统。

❸ 检查保险丝 IF33（5A）。确认保险丝 IF33（5A）是否正常，是进入下一步，否则更换保险丝。

❹ 断开多功能摄像头接插件 RC03。整车上电，测量 RC03 的 1 号端子对地之间的电压值，如图 6-14 所示。电压标准值：8.5～16.5V。确认电压是否符合标准值，是进入下一步，否则更换或维修线束。

❺ 整车断电，静置 5min。断开多功能摄像头接插件 RC03，测量 RC03 端子 5 对地之间的电阻值。电阻标准值：小于 1Ω。确认电阻是否符合标准值，是进入下一步，否则更换或维修线束。

❻ 断开多功能摄像头接插件 RC03。断开网关接插件 PC24，测量 RC303 端子 2 与 PC24 端子 11 之间的电阻值；测量 RC303 端子 3 与 PC024 端子 31 之间的电阻值，如图 6-15 所示。电阻标准值：小于 1Ω。确认电阻是否符合标准值，是进入下一步，否则维修电路中的开路故障。

❼ 更换多功能摄像头。整车上电，连接诊断仪，清除故障码。确认模块无重新设置故障码，诊断结束。

使用诊断仪读取系统故障码，扫码（见封底说明）参考对照相关诊断步骤进行维修（拓展案例）。

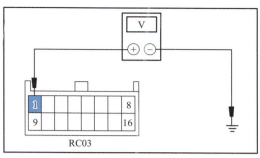

图 6-14　测量电源电压

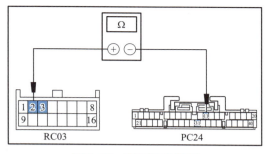

图 6-15　测量线路通断

6.2.5　案例精解：云度 πPro 全景影像系统无法使用故障排除

▶ **故障现象：**

一辆行驶里程约 5000km 云度 πPro 电动车，车主报修该车全景影像系统无法使用，仪表板中出现"全景影像系统故障"的提示。

▶ **维修过程：**

❶ 接车后检查，换入倒挡时故障出现，多媒体显示屏黑屏（图 6-16），其他功能正常。

图 6-16　多媒体显示屏黑屏

❷ 用诊断仪对车辆进行检测，全景影像控制单元中存在相关故障码，如图 6-17 所示。

图 6-17　诊断仪读取故障码信息

❸ 查看全景影像系统电路图（图 6-18）得知，BD15 插接器的 4 号、21 号和 1 号端子分别为全景模块的供电和搭铁，4 个摄像头采集到的视频信号由全景模块分析和处理，然后通过视频线传送至娱乐主机，由主机传送至显示屏。

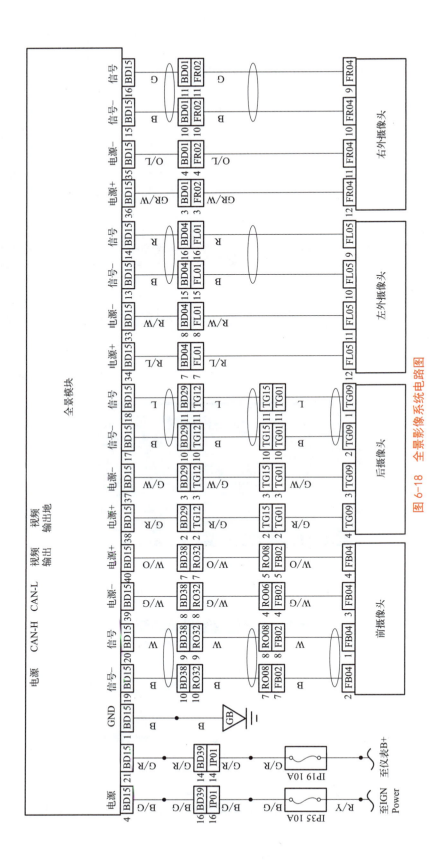

图 6-18 全景影像系统电路图

❹ 用万用表分别测量 4 号和 21 号端子与 1 号端子之间的电压，结果都为 12.0V 左右，说明全景控制器的供电正常，判断故障由全景影像系统控制模块引起。更换全景影像控制模块（图 6-19），删除故障码并测试一段时间后，全景影像功能正常。

图 6-19　全景影像控制模块

❺ 约一个月后故障再次出现，故障码依旧。按上一次检查结果，判断全景影像控制模块再次出现故障。用正常车辆的全景影像控制模块替换，故障消失。

❻ 再次出现故障，怀疑系统内存在短路进而引起控制模块故障。由电路图得知，该系统由 4 个摄像头和 1 个控制模块组成，决定先检查摄像头及线束。当拆下右侧倒车镜上的摄像头时，发现摄像头外壳开裂，这种情况在雨天或洗车时裂缝处可能进水短路，导致控制模块损坏。

▶ **故障排除**：更换全景影像控制模块和摄像头，故障不再出现。

第 7 章

智能座舱系统

7.1 信息娱乐系统

7.1.1 原理秒懂：车机系统功能介绍

汽车的智能化主要体现在自动驾驶与智能座舱两个方面，而在座舱智能化上，车机系统是核心。车机是汽车车载计算机的简称，硬件为中控大屏，软件则为集成娱乐信息系统、车载通信系统等多个功能的应用操作平台。在技术层面则使用了触摸操控、语音声控、人脸识别、摄像头监控、手势感应器、抬头显示器（HUD）、红外夜视等等手段。一些常见品牌主流车型搭载的车机系统如表 7-1 所示。

表 7-1 常见品牌主流车型搭载车机系统

品牌	车型	车机系统	应用芯片	中控屏幕	仪表	HUD
奔驰	S 级	MBUX	英伟达	12.8inch OLED 屏	12.3inch 裸眼 3D	AR-HUD
宝马	X7	iDrive7.0	英伟达	双 12.3inch 液晶		W-HUD
奥迪	A8	MMI	英伟达	上 10.1+ 下 8.6inch	12.3inch	W-HUD
大众	帕萨特	均胜 CNS3.0	高通	8inch/9.2inch	部分 10.2inch	—
丰田	RAV4	Entune3.0	—	10.1inch	7inch	—
特斯拉	MODEL3	Version	英特尔	整合至 15inch 液晶屏		
蔚来	ES8	NOMI	英伟达	11.3inch	9.8inch	W-HUD
荣威	MARVEL X	AliOS	高通	14inch	12.3inch	
比亚迪	唐	DiLink	高通	12.8inch	12.3inch	
吉利	博越	GKUI	亿咖通	12.3inch	7inch/12.3inch	高配 W-HUD

1inch 均为 2.54cm。

比亚迪元 Plus 电动汽车车机系统组成部件如图 7-1 所示。车机系统包括 4G 网络，PAD

主机，蓝牙电话，智能语音识别，车机互动功能，车载收音机，USB、SD卡总成，音频、视频设备接口，影像系统等多种功能。

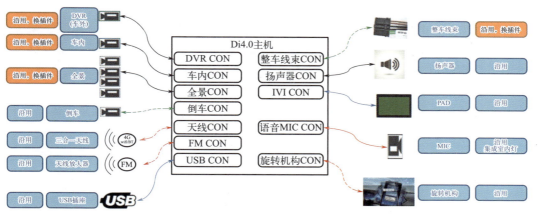

图 7-1 比亚迪元 Plus 车机系统组成部件

车机系统主机连接器定义如图 7-2 所示。

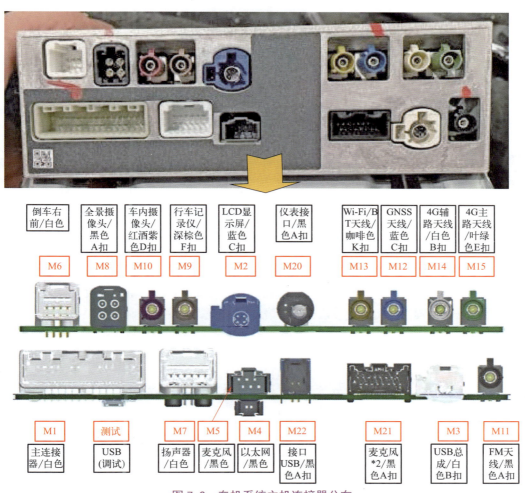

图 7-2 车机系统主机连接器分布

7.1.2 结构秒认：零跑 C01 智能车机系统

仪表娱乐系统由智能座舱主机系统、中控显示屏、副驾显示屏、仪表显示屏、Wi-Fi 天线、4G 集成天线、GNSS 天线、麦克风、两个前车门低音扬声器、两个后车门低音扬声器、两个后车门高音扬声器、两个仪表高音扬声器、两个中音扬声器、仪表中置扬声器、重低音扬声器、功率放大器组成，部分部件安装位置如图 7-3 所示，其中仪表显示屏、中控显示屏均采用液晶显示屏，屏幕大小分别为 10.25inch 及 12.8inch，同时副驾多媒体显示屏为 10.25inch。

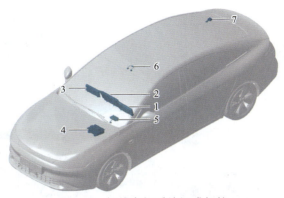

图 7-3 智能车机系统组成部件

1—仪表显示屏；2—中控显示屏；3—副驾多媒体显示屏；4—智能座舱主机系统；5—4G 集成天线总成；6—有源双麦克风总成；7—高精度 GNSS 天线总成

7.1.3 原理秒懂：零跑 C01 智能车机系统

仪表影音系统具有强大的影音娱乐功能，包括手机 APP 控制系统、车载 4G 网络、车载 Wi-Fi、在线导航、定位互动服务、喜马拉雅 FM 在线音频、途记和手机 APP 同步系统、蓝牙/车载电话等功能。

车辆中控仪表为一体化总成，采用 10.25inch+12.8inch+10.25inch 高分辨率显示屏，行车电脑屏集成车辆控制、多媒体娱乐、360°环视、数字仪表等功能，主要接收入脸识别摄像头视频图像并进行处理，为启动身份认证提供信号源，接受 ADAS 控制器视频和算法输入，提供辅助驾驶功能。

Wi-Fi 天线内置在主机，用于车辆 Wi-Fi 共享；4G 天线用于车载主机通信；GNSS 天线用于车辆导航系统定位。蓝牙音乐和蓝牙电话通过无线蓝牙信号传输，首次使用时需将手持终端（手机等）与智能座舱主机手动连接，后续使用开启手持终端后即可自动连接。麦克风采集车内乘客语音后转换为电信号，根据电压值的不同转换为对应的字符；装配有麦克风的车辆支持车内乘客语音唤醒车辆主机，用于车辆信息查阅或部分控制，如开启导航、播放音乐、拨打电话等。

智能座舱车机系统原理如图 7-4 所示。

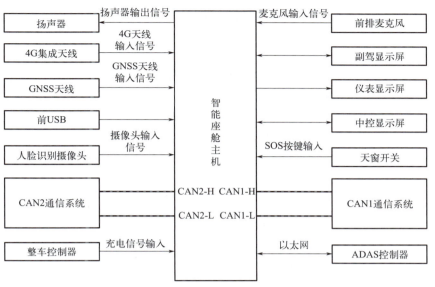

图 7-4 智能座舱车机电气原理图

7.1.4 原理秒懂：小鹏 G3I 车载总线系统功能

CAN（控制器局域网）是一种针对实时应用的串行数据通信系统。它是一种车辆多路通信系统，具有高通信速度（500kb/s）并且能够检测故障。通过 CAN_H 和 CAN_L 总线配对，CAN 根据差分电压进行通信。很多安装在车辆上的 ECU（传感器）都通过共享信息和互相通信来工作。每一条 CAN 总线上必须有 2 个 120Ω 的终端电阻，终端电阻的作用是提高总线的抗干扰能力和信号质量。

整车总线网络分为 DCAN、ICAN、BCAN、CCAN、ECAN 5 个主干网段。主干网段间采用独立网关进行通信。整车有 SCU 私有 CAN、ESP 私有 CAN、BMS 私有 CAN。SCU 私有 CAN 中节点 VPM、MRRRearL、MRRRearR 同时连接 CCAN，只监听不发送报文。除 BMS 的充电 CAN 采用 J1939 协议外，其他所有 CAN 网段均采用 500kb/s 的通信速率。车窗电机采用 LIN 总线与主节点 BCM 通信。雷达单元采用 LIN 总线与主节点 SCU 通信。座椅通风模块 SVA 采用 LIN 总线与主节点网关通信。PTC 采用 LIN 总线与主节点空调模块通信。所有 LIN 总线的通信速率为 19.2kb/s。

BCAN——车身总线连接的系统及模块：PEPS——智能进入/无钥匙启动系统；RMA——后视镜调节模块；AVAS——低速行驶提示器；TPMS——胎压监测系统；MSM——座椅记忆调节模块；AVM——全景模块；ICM——组合仪表；RDM——尾门控制模块；BCM——车身控制器（带一个 120Ω 终端电阻）；GW——网关（带一个 120Ω 终端电阻）；SCU——智能控制器。

CCAN——底盘总线连接的系统及模块：GW——网关（带一个 120Ω 终端电阻）；EPS——电动助力转向；EPB——电子驻车控制器；ESC——电子稳定系统；SRS——安全气囊控制器；SCU——智能控制器；MSB——电动马达安全带；

MRR——中距雷达传感器；VPM——视觉感知模块；MRRRearL——左后中距雷达传感器；MRRRearR——右后中距雷达传感器；IMU——惯性传感单元；VCU——整车控制器

(带一个12Ω终端电阻);AGS——进气格栅控制系统;EBS——电控制动系统。

ECAN——动力高压电总线连接的系统及模块:GW——网关(带一个120Ω终端电阻);IPU——电机控制单元;BMS——电池包控制单元;CCS-DC——直流充电机控制单元;LECU——电池单元;HVAC——空调控制器;PTC——加热器;ACP——空调压缩机;DCDC——直流逆变器;CCS——充电控制系统;VCU——整车控制器(带一个12Ω终端电阻)。

ICAN——信息娱乐总线连接的系统及模块:GW——网关(带一个120Ω终端电阻);CDU——中控大屏控制器(带一个120Ω终端电阻)。

DCAN——诊断网段连接模块:GW——网关(带一个120Ω终端电阻)。

不同配置车型总线网络如图7-5～图7-7所示。

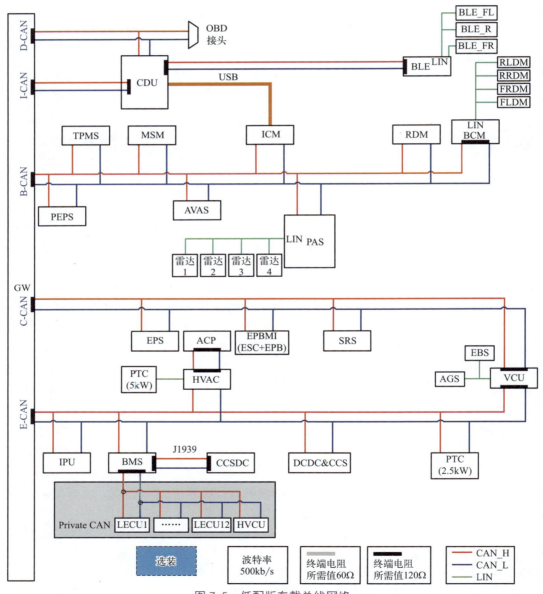

图7-5 低配版车载总线网络

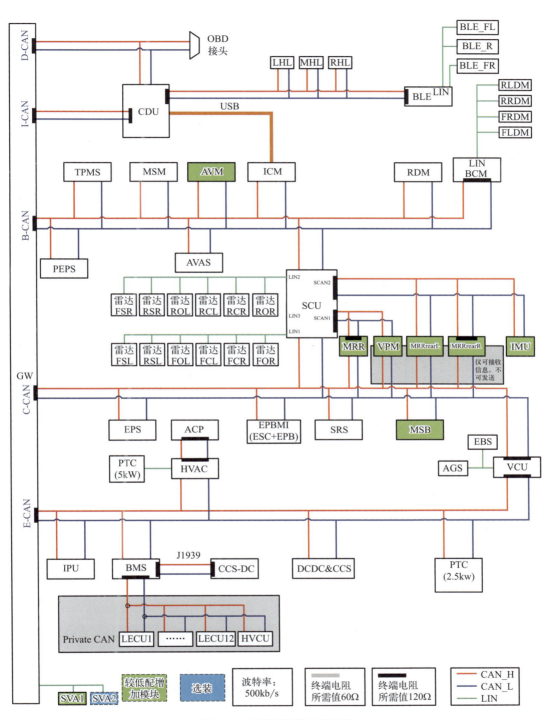

图 7-6 中配版车载总线网络

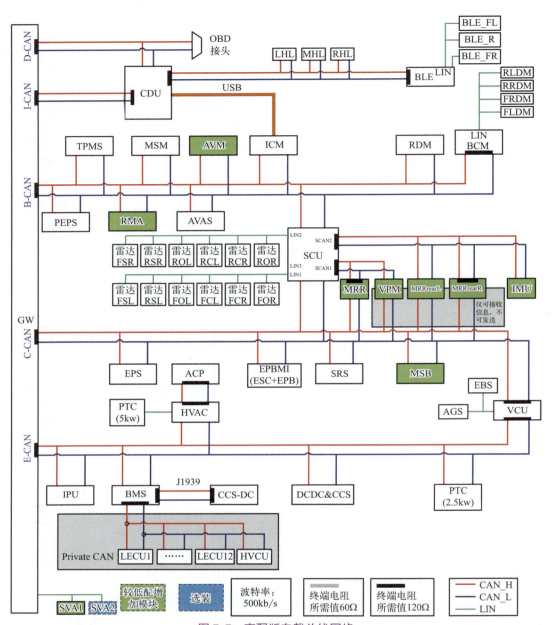

图 7-7 高配版车载总线网络

7.1.5 部件快拆：理想 ONE 车机拆装步骤

以理想 ONE 车型为例，车机的拆装步骤如下。
❶ 断开蓄电池负极线束总成。
❷ 拆装副仪表板右下饰板前段总成。
❸ 连接诊断仪。
❹ 点击左侧列表中"匹配功能"。

❺ 点击"HU"。
❻ 点击弹出对话框"确认"。
❼ 点击"解除绑定 SN",如图 7-8 所示。

图 7-8　诊断系统设置

❽ 断开前侧 HMI 车机线束连接器 1(共 9 处),如图 7-9 所示。
❾ 断开后侧 HMI 车机线束连接器 1(共 7 处),如图 7-10 所示。

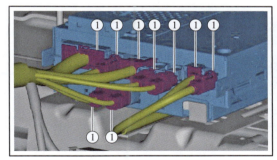

图 7-9　断开前侧线束连接器

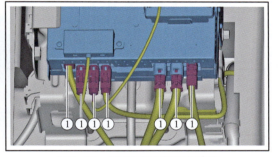

图 7-10　断开后侧线束连接器

❿ 拆卸固定螺栓 1(共 2 个),取下 HMI 车机,如图 7-11 所示。

⓫ 按与拆卸相反的顺序安装 HMI 车机,安装固定螺栓为六角法兰面螺栓(Q1840616F36),扭矩:(6±1)Nm。

大屏拆装步骤如下。

❶ 断开蓄电池负极线束总成。
❷ 拆装左侧装饰板。

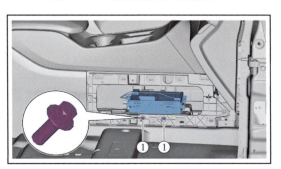

图 7-11　拆卸固定螺栓

❸ 拆装右侧装饰板。

❹ 拆装中央扬声器盖板总成。

❺ 拆卸 HMI 大屏固定螺栓 1（共 6 个），如图 7-12、图 7-13 所示。注意保护 HMI 大屏屏幕防止刮花。

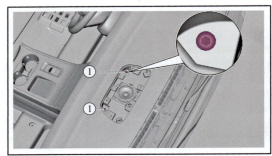

图 7-12　拆卸大屏固定螺栓（一）　　　图 7-13　拆卸大屏固定螺栓（二）

❻ 脱开固定卡扣 1（共 3 处），取出 HMI 大屏，如图 7-14 所示。

❼ 断开线束连接器 1（共 3 处），取下 HMI 大屏，如图 7-15 所示。

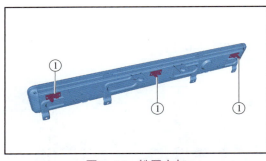
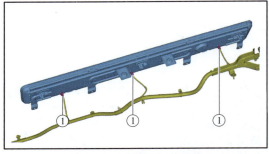

图 7-14　松开卡扣　　　图 7-15　断开线束连接器

❽ 按与拆卸相反的顺序安装 HMI 大屏。注意：HMI 大屏固定螺栓（六角头螺栓）扭矩：（6±1）Nm。

7.1.6　电路快检：比亚迪唐 DM 总线检修

以比亚迪唐车型为例讲解 CAN 总线的故障维修方法。

（1）故障形式

CAN 总线故障形式主要有 CAN-High 和 CAN-Low 短路、CAN-High 对正极短路、CAN-High 对地短路、CAN-High 断路、CAN-Low 对正极短路、CAN-Low 对地短路和 CAN-Low 断路共 7 种故障。

（2）故障代码

CAN 总线使用 3 种类型的 DTC（见表 7-2）。

表 7-2 CAN 总线类型

DTC 类型	功能说明
内部错误 DTC	各 ECU 执行内部检查，如果其中一个发现内部有 ECU 问题，则它会提出一个内部错误 DTC，指示该 ECU 需要更换
失去通信 DTC	失去通信 DTC（和总线关闭 DTC）在 ECU 之间的通信出现问题时提出，问题可能出在连接、导线或 ECU 本身上
信号错误 DTC	各 ECU 对某些输入回路执行诊断测试，以确定此回路功能是否正常（无断路或短路）。如果一个回路未通过诊断测试，则会相应设置一个 DTC（注意：并非所有输入都检测是否有错误）

（3）诊断方法

CAN 线是否正常，一般可以通过在诊断口测量 CAN-H 和 CAN-L 的电阻来判断。

❶ 如果通过测量，电阻值在 60～70Ω 之间，则 CAN 主线可以正常通信。

❷ 如果无限大，表明断路，可继续拆下终端电阻模块，单独测量 CAN-H 和 CAN-L 的电阻，应为 120Ω 左右。

❸ 如果无限小，表明短路，可断开 CAN 各模块，做初步判定。

❹ CAN-H 和 CAN-L 的对地电阻，若与其中一根车身导通，说明该线短路。

❺ 通过测量 CAN-H 和 CAN-L 的对地电压判断；正常情况下，应该测试 CAN 网隐性电压。CAN-H/L 的对地电压在 2.5V，如果为 0 表明对地短路，如果大于正常值，则可能对电源短路。

（4）波形测量

运用示波器可以同时测量 CAN-High 和 CAN-Low 的波形，示波器的两个通道分别接入 CAN-High 和 CAN-Low 线路，这样在同一界面下同时显示 CAN-High 和 CAN-Low 的同步波形，能很直观地分析系统出现哪些问题。

（5）电阻测量

总线终端电阻可以用万用表进行测量。

❶ 拆下蓄电池的电源线。

❷ 等待约 5min，直到所有的电容器充分放电。

❸ 连接万用表至 DLC 接口测量电阻值。

❹ 将网关 CAN 插头拔下，检测总的阻值是否发生变化。

❺ 把网关 CAN 插头插好，再将终端电阻模块 CAN 插头拔下。

❻ 检测总的阻值是否发生变化，并分析测量结果。

由于带有终端电阻的两个控制单元是相连的，所以两个终端电阻是并联的。当测量的结果为每一个终端电阻大约为 120Ω，而总值为 60Ω 时，可以判断连接电阻是正常的，但是终端电阻不一定就是 120Ω，其相应的阻值依赖于总线的结构。如果在总的阻值测量后，将一个带有终端电阻的控制单元插头拔下，显示阻值发生变化，这是测量的一个控制单元的终端电阻阻值。当在一个带有终端电阻的控制单元插头拔下后测量的阻值没有发生变化，则说明系统中存在问题，可能是被拔下的控制单元终端电阻损坏或是 CAN-BUS 出现断路。如果在拔下控制单元后显示的阻值变化无穷大，则可能是连接中的控制单元终端电阻损坏，或是到该控制单元的 CAN-BUS 出现故障。

（6）电压测量（表 7-3）

表 7-3　CAN 总线电压参数

连接端子	线色	测试条件	正常值
CAN H—车身地	P	始终	2.5～3.5V
CAN L—车身地	V	始终	1.5～2.5V

（7）维修说明

❶ 了解故障车型的汽车多路传输系统特点。

❷ 检查汽车电源系统是否存在故障，如交流发电机的输出波形是否正常等。

❸ 检查汽车多路信息传输系统的链路是否存在故障，采用示波器或汽车专用光纤诊断仪来观察通信数据信号，或采用替换法、跨线法进行检测。

❹ 如果是节点故障，采用替换法进行检测。

❺ 如果 CAN-BUS 导线有破损或断路需接线时，每段接线应＜ 50mm，每两段接线之间应≥ 100mm；如果需要在中央接点处维修，则严禁打开接点，只允许在距接点 100mm 以外断开导线；另外，每条 CAN-BUS 导线长度不应超过 5m，否则所传输的脉冲信号会失真。

7.1.7　案例精解：比亚迪 e6 总线故障排除

▶ 故障现象：

一辆比亚迪 e6 车辆在正常操作的情况下，车辆无法上电。

▶ 维修过程：

❶ 整车处于 ON 挡，把万用表打到电压挡，然后把万用表一端接到诊断口 CAN 总线网络上 CAN-L/CAN-H 引脚上，万用表的另一端接到车身地，见图 7-16。

图 7-16　用万用表检测连接方法

❷ 如图 7-17 所示，用万用表读取 CAN 总线网络 CAN-L/CAN-H 的隐性电平为 0、12V 或者其他较大值，偏离 2.5V 的数值。

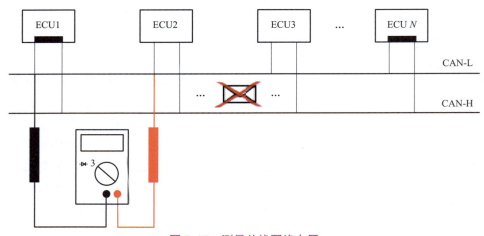

图 7-17　测量总线网络电压

❸ 以上结果表明 CAN 总线网络是有故障的。一般来说，如果 ECU 上的总线收发器的 CAN-L/CAN-H 引脚接地或者与电源短路，就会造成整个 CAN 总线网络的隐性电平为 0V 或者 12V。

▶ **故障排除：**

逐个检查整个 CAN 总线网络上的 ECU 内的收发器的 CAN-L 和 CAN-H 引脚，看是否有 ECU 的收发器的 CAN-L/CAN-H 引脚接地或者与电源短路。

7.2 安全舒适系统

7.2.1 结构秒认：问界 M5 纯电版进入控制系统（PEPS）

以赛力斯问界 M5 纯电车型为例，该车进入及防盗系统组成部件如图 7-18 所示。

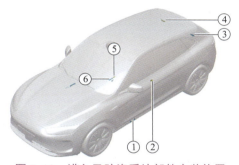

图 7-18 进入及防盗系统部件安装位置

1—PE 天线；2—前门锁芯总成；3—PS 天线 3；4—PS 天线 2；5—钥匙芯片；6—PS 天线 1

7.2.2 原理秒懂：问界 M5 纯电版进入及防盗系统

通过分析遥控钥匙中芯片发出的数据，来判断用户所做出的操作并执行。若未收到芯片发出的防盗认证，车辆将持续保持锁止状态，用户无法挂挡行车，参与动力防盗部件无法直接用于其他车辆，直到接收到芯片发出正确的信号，才会解锁车辆并开启车辆相关的功能。进入及系统原理图如图 7-19 所示。

PEPS 系统包括以下功能。

● 物理钥匙寻车：整车不处于 Present ON 状态，2s 内按压两次物理钥匙闭锁按键，整车执行寻车功能。

● 钥匙 PKE 功能：整车电源处于 ON 挡，通过操作大屏靠近解锁或远离闭锁功能开启按钮，可以开启靠近解锁或远离闭锁功能。

● PEPS 报警和提示：触发钥匙查询时若

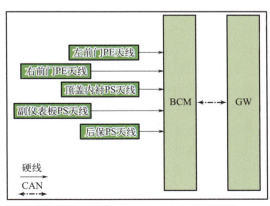

图 7-19 进入及防盗系统功能原理图

BCM 没有检测到物理钥匙、蓝牙钥匙、NFC 钥匙，则弹框提示用户。

● 车身防盗：整车不处于 Driving 状态、五门一盖关闭，通过按压遥控钥匙闭锁按键（或远离闭锁成功、远程闭锁成功、自动重上锁、蓝牙钥匙上锁、NFC 闭锁），则整车进入或保持设防状态。

● 钥匙屏蔽与激活：若钥匙触发闭锁时，车内还有其他物理钥匙，则需要禁用车内物理钥匙功能。

7.2.3 结构秒认：吉利帝豪 L Hi·X 安全气囊系统组成

安全气囊系统由下列部件组成：安全气囊警告灯、组合仪表总成、安全气囊电子控制单元（ACU）、正面碰撞传感器（左/右）、安全带锁扣开关、驾驶员气囊、乘员气囊、乘员感知传感器、驾驶员安全带预紧限力器、乘客安全带预紧限力器、侧面碰撞传感器（左/右）、前排左侧侧气囊、前排右侧侧气囊、左侧安全气帘、右侧安全气帘、时钟弹簧、安全气囊系统线束、转向盘和转向管柱。部分部件安装位置如图 7-20 所示。

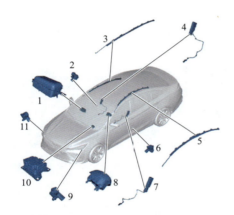

图 7-20　安全气囊系统部件安装位置

1—前乘员气囊；2—右侧侧面碰撞传感器；3—右侧安全气帘；4—前排右侧侧面安全气囊；5—左侧安全气帘；6—左侧侧面碰撞传感器；7—前排左侧侧面安全气囊；8—驾驶员气囊；9—左前正面碰撞传感器；10—安全气囊控制模块；11—右前正面碰撞传感器

7.2.4 原理秒懂：吉利帝豪 L Hi·X 安全气囊系统原理

安全气囊系统为乘客提供了除安全带之外的辅助保护，是一种被动安全系统。安全气囊系统分布在方向盘、仪表台上，侧气帘分布在车辆 A 柱至 C 柱之间，侧气囊分布在驾驶员座椅的外侧。

除了充气保护模块之外，车辆配备安全带预紧限力器。在车辆发生碰撞的时候，它会张紧安全带，从而在充气模块展开的同时增大乘客与安全气囊之间的距离。每个充气模块都有一个点爆回路，该回路由安全气囊电子控制单元进行控制。当安全气囊电子控制单元检测到碰撞的冲击力足够大时控制气囊展开。

安全气囊电子控制单元对安全气囊系统的电气部件进行连续诊断监测。当检测到电路故障时，安全气囊电子控制单元就存储一个故障诊断代码（DTC），并启亮安全气囊警告灯，以通知驾驶员。转向柱采用吸能式设计，在发生正面碰撞时，可以收缩，降低了驾驶员的受伤概率。安全气囊电子控制单元接收传感器的信号，分析碰撞的严重程度，用以判断碰撞的严重程度。当信号值大于存储器中的设定值时，安全气囊电子控制单元发出点火指令，从而展开安全气囊系统相应的充气模块。当遇到冲击力足够大的正面碰撞，正面气囊和安全带预紧器就会展开。

安全气囊电子控制单元确认碰撞信号后，会在 20ms 内发送"碰撞解锁和断油"信号。BCM 和 EMS 连续收到碰撞输出信号，就会分别执行解锁和断油功能。安全气囊系统原理框图如图 7-21 所示。

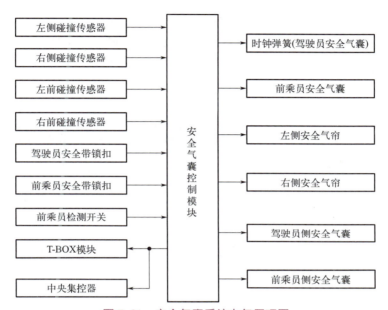

图 7-21　安全气囊系统电气原理图

7.2.5　设置技巧：问界 M5 纯电版钥匙匹配方法

（1）注意事项

❶ 钥匙匹配需在高低压下电状态（仪表、大屏熄屏）进行。

❷ 钥匙每次只能匹配一把，在匹配过程中请将其他钥匙远离车辆。

❸ 为避免信号干扰，钥匙匹配时，请勿将手机、笔记本电脑、平板的电子设备放置在钥匙匹配区域。

（2）钥匙匹配步骤

❶ 打开诊断仪，选择车型。

❷ 选择"车身控制模块（BCM）"。

❸ 进入车身控制模块，选择"售后功能"。

❹ 进入售后功能，点击"删除所有钥匙"。

❺ 诊断仪提示"钥匙删除成功"，点击"确定"。

❻ 点击大屏的"车辆下电"按钮，控制车辆下电。

❼ 按压换挡手柄右侧的储物盖，打开储物盒。

❽ 将钥匙平放在该储物盒内部的凸台上。

⑨ 回到售后功能，点击"IMMO 学习 RKE 钥匙"。
⑩ 诊断仪界面提示钥匙放置位置，点击"确定"。
⑪ 点击确定之后，诊断仪提示"正在学习钥匙"，此过程需要等待约 5s。
⑫ 匹配完成之后诊断仪提示钥匙匹配成功。至此，整个钥匙匹配过程完成。

7.2.6 故障速诊：吉利帝豪 L Hi·X 安全气囊系统故障诊断

将故障诊断仪连接到诊断接口上。操作启动开关使电源模式至 ON 状态。按照测试仪屏幕上的提示，读取 DTC 的值。根据 DTC 提示故障信息，进行相关步骤的检修［扫码（见封底说明）参阅拓展案例相关信息］。

7.2.7 案例精解：长城欧拉白猫气囊控制器故障致车门频繁解锁

▶ **故障现象：**
长城欧拉白猫电动汽车遥控开闭锁偶尔失灵，启动车辆后，车门门锁会频繁解锁 4～5 次，其他功能正常。

▶ **故障分析：**
遥控失灵的可能原因有遥控器电池电量低、遥控器芯片异常、遥控接收器或者相关线路异常、左前门锁中控或线路异常、加装电器或者周边电磁干扰等。

▶ **维修过程：**
❶ 查看遥控器电池电量，测量遥控器电池电量电压 3.01V 正常。
❷ 检查车辆无线路相关电器改装，尝试在熄火状态下遥控开闭锁，在解锁后闭锁确实偶尔无反应。启动车辆后，会在 2～3s 之后会听到中控门锁频繁解锁跳动。
❸ 更换左前门闭锁器，试车，故障仍旧。
❹ 观察仪表没有任何故障灯异常点亮。
❺ 与客户沟通什么时候开始出现此故障，反馈是在特大暴雨后出现的，分析可能是线路进水导致。
❻ 连接诊断仪进行全车诊断，清除历史故障码后，发现 BMS 有一个当前的故障码。BMS 报 P100AAA——碰撞检测电路故障，如图 7-22 所示。

图 7-22 诊断仪读取故障码信息

❼ 读取气囊控制单元 ABM 无异常。分析是不是 BMS 动力电池在检测碰撞电路异常后，

KBCM通过网络获取信息，为了防止车门锁车，所以会自动解锁，同时影响到了遥控上锁功能。

❽ 通过查阅电路图（图7-23）可知，BMS获取碰撞信号是由一根专线与ABM直接传输，这样的传输速率高，BMS会在更短的时间切断动力电池向外的电量输出，从而保护驾乘人员的安全。

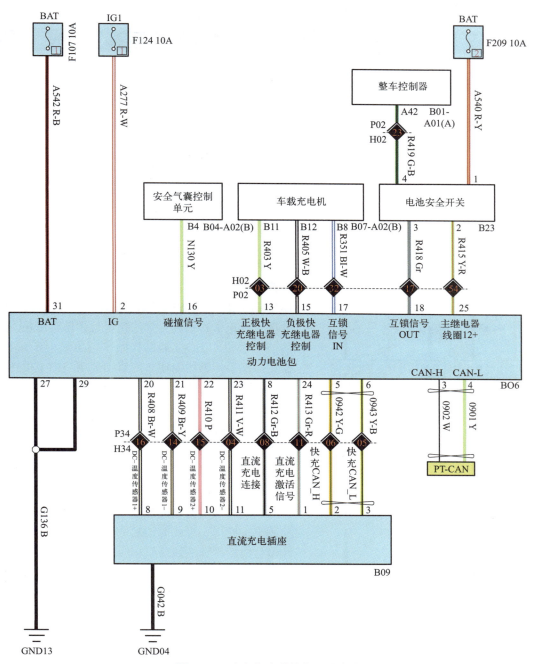

图7-23　动力电池碰撞信号线电路

❾ 检查底盘上的动力电池低压接头，未发现进水等异常。于是测量 ABM 至 BMS 低压接头相关线路是否异常，在插拔 ABM 插头时，发现气囊插头处有因进水产生的绿色结晶体，故障点基本确定。

▷ **故障排除：**
更换安全气囊控制单元，对插头处做清洗处理并系统匹配后，故障排除。

7.2.8 案例精解：吉利帝豪 EV300 无钥匙进入系统故障排除

▷ **故障现象：**
一辆吉利帝豪 EV300 配置有无钥匙进入系统及启动系统 PEPS，车主反映该车在按下锁门键钮无法使车辆实现整车上锁。

▷ **维修过程：**

❶ 使用汽车诊断仪对 PEPS 系统进行诊断，未发现故障码。

❷ 根据无钥匙进入系统的控制方式可知，信号传输是钥匙发送密码给 PEPS 控制单元进行验证。验证通过后，PEPS 控制单元通过 CAN 网络传输到 BCM，BCM 控制车门上锁或解锁。如果钥匙不合法，PEPS 控制单元将发送信号给 BCM，BCM 将启动防盗指示灯和防盗喇叭。

❸ 汽车能够使用智能钥匙按钮使车门进行上锁或解锁，由此可以判断汽车中 PEPS 控制单元到 BCM 间线路没有故障且 PEPS 控制单元没有损坏，外部天线正常，钥匙为合法钥匙且钥匙电量足。车门能上锁说明 BCM 能够控制车门电机上锁解锁，使用门把手传感器能使车门解锁证明门把手传感器正常，所以证明故障点位于锁门键钮。

❹ 将两侧车门内饰板拆除，副驾驶位手套箱拆除，使 PEPS 控制单元和前门把手总成裸露出来。

❺ 根据汽车电路图，锁门键钮直接传递信息至 PEPS 控制单元且锁门键钮只传递锁门信息，且前门把手总成由蓄电池直接供电。由于前门把手天线能正常使用，因此前门把手总成到蓄电池之间无开路。使用探针从插接口相应线束后方插入，另一端搭铁测量 DR02 插接件 4 号端子电压（图 7-24），电压数值为 10.90V，证明 PEPS 到锁门键钮之间无断路。

❻ 在正常情况下，按压锁门键钮，电压会发生突变，如图 7-25 所示。而此时按压锁门键钮电压没有变化。

❼ 汽车能够使用钥匙按钮上锁。因此插接件

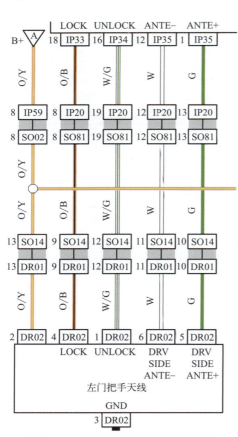

图 7-24　左门把手天线连接线路图

之间连接无脱落，所以确定是锁门键钮发生故障。更换锁门键钮，重新试验无钥匙系统，系统恢复正常。

图 7-25　正常时电压变化图

▶ **故障排除：**

更换锁门按钮。

▶ **维修小结：**

无钥匙进入系统信号传输比较复杂，既有直接传输，又有 LIN 网络和 CAN 网络传输。天线与 PEPS 控制单元之间的传输为 LIN 网络传输，PEPS 控制单元与 BCM 间的传输为 CAN 网络传输，锁门键与 PEPS 控制单元之间的传输为直接传输。在无钥匙进入系统中，LIN 信号传输与 CAN 信号传输需使用示波器读取信号波，而直接传输信号可通过万能表进行测量确定。当车门把手一侧无法使用时，另一侧车门把手也无法正常使用，信息无法传递到 PEPS 控制单元中，继而无法实现后续的车门控制。在无钥匙系统中，一旦其中一个环节出现问题，将有部分系统无法正常运行，因此在系统中每一部分都是不可或缺的。锁门键钮裸露在外，容易脱落或无效，从而导致车门无法使用锁门键上锁。

第 8 章

车辆控制系统

8.1 整车控制器（VCU）

8.1.1 原理秒懂：新能源汽车 VCU 系统功能

车辆控制器（vehicle control unit，VCU）是整个汽车的核心控制部件，它通过硬线或 CAN 采集电子油门踏板信号、挡位信号、制动踏板信号及其他部件信号，并做出相应判断后，控制下层的各部件控制器的动作，驱动汽车正常行驶。整车控制器所连接到的系统及部件如图 8-1 所示。系统功能描述见表 8-1。

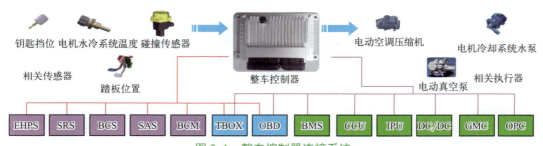

图 8-1 整车控制器连接系统

表 8-1 整车控制系统功能描述

零件名称	缩写	功能	零件名称	缩写	功能
电子控制动力转向系统	EHPS	控制电磁阀的开度，从而满足高、低速时的转向助力要求	电池管理单元	BMS	检测动力电池状态，控制动力电池输入/输出
安全气囊	SRS	被动安全性保护系统，与座椅安全带配合使用，为乘员提供防撞保护	整车控制器	VCU（HCU）	接收整车高压/低压附件信号，对整车进行控制
车身控制系统	BCS	控制 ABS/ESP	耦合控制单元	CCU	检查 GMC 油压/油温，通过控制电磁阀实现离合器吸合/断开

续表

零件名称	缩写	功能	零件名称	缩写	功能
半主动悬架	SAS	通过传感器感知路面状况和车身姿态，改善汽车行驶平顺性和稳定性的一种可控式悬架系统	集成电机控制器	IPU	控制驱动电机和发电机
车身控制模块	BCM	设计功能强大的控制模块，实现离散的控制功能，对众多用电器进行控制	直流转换器	DC/DC	将动力电池内高压直流电转化为12V，供低压用电器使用
远程监控系统	TBOX	行车实时上传整车信号至服务器，实现对车辆进行实时动态监控	机电耦合系统	GMC	内置TM、ISG、差减速器，实现整车动力输出
车载诊断系统	OBD	诊断整车故障状态	低压油泵控制器	OPC	辅助控制GMC内部冷却油流动

8.1.2 结构秒认：零跑 C01 整车控制器系统组成

整车控制系统主要由整车控制器、加速踏板、制动踏板、挡位开关、电动真空泵、电池水泵、电机水泵、真空度传感器、电机冷却系统管路温度传感器、主动进气格栅等组成。整车控制器是纯电动汽车控制系统的核心，负责对车辆整体运行状况的控制、协调和监控。其主要功能包括车辆运行控制、能量管理、车辆运行状态显示、整车网络管理、故障诊断和处理等。整车控制系统是基于 CAN 总线通信网络的复杂分布式控制系统。整车控制器接收传感器信号和驾驶员的操作信号，按照设定的控制策略，向电机控制器、电池管理系统、BCM车身控制器等控制单元发出控制命令，并通过中控屏和组合仪表对车辆状态进行显示。对制动能量进行回收利用是整车控制器的一项重要功能。

整车控制器是电机系统的控制中心。它对所有的输入信号进行处理，并将电机控制系统运行状态的信息发送给车身控制器。根据驾驶员输入的加速踏板和制动踏板的信号，向电机控制器发出相应的控制指令，对电机进行启动、加速、减速、制动控制。在减速和下坡滑行时，整车控制器配合电源系统的电池管理系统进行发电回馈，使动力电池反向充电。

整车控制器还对动力电池充放电过程进行控制。将与汽车行驶状况有关的速度、功率、电压、电流等信息传输到中控屏进行相应的数字或模拟显示。整车控制器系统组成如图 8-2 所示。

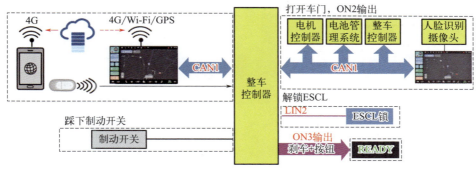

图 8-2 整车控制器系统组成

人脸识别启动系统由遥控器、人脸识别摄像头、车机、制动开关、ESCL、整车控制器等组成。当车机已开启人脸识别，驾驶员进入车内，位于左 A 柱上方的人脸识别摄像头成功识别人脸后，此时需要踩下制动踏板，车辆方可上 READY。

8.1.3 原理秒懂：零跑 C01 整车控制器功能

整车控制器控制车辆行驶，协调各个分系统正常工作。整车控制器根据驾驶员的驾驶意图和车辆实时状态，按照设定的控制程序向相关电控单元发送控制信号。例如，当驾驶员踩下加速踏板时，整车控制器向电机控制单元发送电机输出转矩信号，电机控制系统控制电机按照驾驶员的意图输出扭矩。实时监测车辆的状态可以使驾驶员准确了解车辆行驶状态。整车控制器直接或者通过 CAN 总线通信获得车速、电池剩余电量、电机转速、电流等车辆运行数据，将这些数据通过仪表或中控屏进行显示，便于驾驶员准确掌握车辆整体运行状况并完成相应操作。

对整车通信网络进行管理。整车控制器作为车载网络的主节点，负责对网络状态的监管和对信息优先权的动态分配。

进行制动能量回馈控制。整车控制器根据行驶速度、驾驶员制动意图和电池组状态进行综合判断后，对制动能量回馈进行控制。如果达到回收制动能量的条件，整车控制器向电机控制器发送控制指令，使电机工作在发电状态，将部分制动能量储存在动力电池组中，提高车辆能量利用效率。对电机电池热管理及电机冷却系统进行控制。整车控制器原理框图如图 8-3 所示。

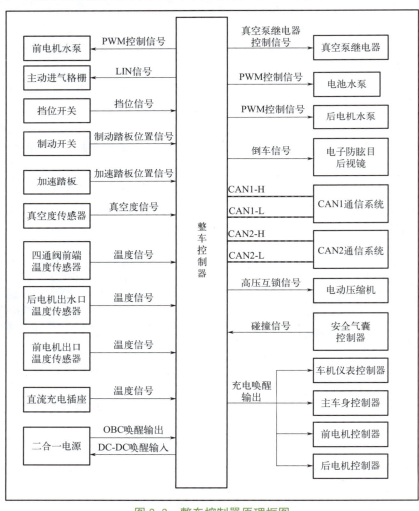

图 8-3　整车控制器原理框图

8.1.4 电路快检：小鹏 P7 纯电 VCU 端子检测

小鹏 P7 整车控制器端子分布如图 8-4 所示，端子定义与信号参数见表 8-2。

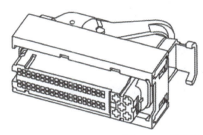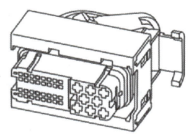

图 8-4 整车控制器端子分布

表 8-2 整车控制器端子定义

端子	端子定义	电流/A	信号类型	备注
1	电源地	5	电源地	0
2	电源地	5	电源地	0
3	搭铁地	10	搭铁地	0
4	12V 电源输入	5	12V 输入	13～14V
5	12V 电源输入	5	12V 输入	13～14V
6	ECAN-L	0.1	CANL	查看 CAN 报文
7	5V 信号地	0.1	5V 信号地	0
9	直流充电口温度传感器信号 2	0.003	模拟电压输入	常温下采集到电压值 20℃：2.778V；25℃：25V；30℃：2.23V
14	风扇 1_速度控制	0.2	LSS	—
15	加速踏板传感器电源 1	0.015	5V 电源	4.9～5.1V
16	加速踏板传感器电源 2	0.015	5V 电源	4.9～5.1V
17	挡位传感器 5V 电源	0.015	5V 电源	4.9～5.1V
19	散热风扇继电器控制	0.15	LSS	输出：<0.5V；断开：13～14V
21	倒车灯电源输出	0.47	HSS	打到倒挡，输出：12～14V；离开倒挡，断开：<0.5V
25	ECAN-H	0.1		查看 CAN 报文
26	加速踏板传感器接地 1	0.1	5V 信号地	0
28	直流充电口温度传感器信号 1	0.003	模拟电压输入	常温下采集到电压值 20℃：2.778V 25℃ :2.5V；30℃：2.23V
29	交流充电口温度传感器信导 3	0.003	模拟电压输入	常温下采集到电压值 20℃：2.778V；25℃：2.5V；30℃：2.23V
30	加速踏板位置传感器信号 2	0.012	模拟电压输入	松开油门踏板 0.375V；踩下油门踏板 2.295V
31	加速踏板位置传感器接地	0.1	5V 信号地	0

续表

端子	端子定义	电流/A	信号类型	备注
32	挡位传感器	0.1	5V 信号地	0
37	碰撞硬线信号	0.025	PWM 信号	正常时：高电平 200ms 低电平 40ms（用万用表测试平均值 10V 左右）
38	电池水泵自诊断信号	0.005	PWM 检测	100Hz，占空比 10%～98%，高电平 11～13V，低电平＜0.5V
40	风扇反馈信号	0.005	LSS	100Hz，占空比 10%～90%
41	LIN 通信	0.05	LIN 线	
42	制动灯继电器控制	0.15	LSS	断开时：13～14V；能量回收时：＜0.5V
43	紧急停止		HSS	断开时：＜0.5V；紧急停止时：12～14V
44	电机水温传感器信号	0.003	模拟电压输入	常温下采集到电压值 25℃：25V
47	CCAN-H	0.1	CAN 信号	查看 CAN 报文
48	CCAN-L	0.1	CAN 信号	查看 CAN 报文
50	加速踏板传感器信号 1	0.012	模拟电压输入	松开油门踏板 0.75V；踩下油门踏板 4.59V
52	高压互锁输入	0.02	PWM 检测	100Hz，50% 占空比（用万用表测试平均值 4.2V 左右）
56	充电指示灯 2	0.02	LSS	未使用时：4V 左右 充电照明时：＜0.5V
60	电机水泵转速控制 1	0.006	LSS	100Hz，占空比 10%～98%，高电平 11～13V，低电平＜0.5V
62	ADCAN-H	0.1	CAN 信号	查看 CAN 报文
64	电池水温传感器信号 2	0.003	模拟电压输入	常温下采集到电压值 25℃：2.5V
65	交流充电口温度传感器信号 1	0.003	模拟电压输入	常温下采集到电压值 20℃：2.778V；25℃：2.5V；30℃：2.23V
66	交流充电口温度传感器信号 2	0.003	模拟电压输入	常温下采集到电压值 20℃：2.778V；25℃：2.5V；30℃：2.23V
67	电机水温传感器接地	0.1	5V 信号地	0
68	充电指示灯 4	0.02	LSS	未使用时：4V 左右；充电时：＜0.5V
69	充电指示灯 3	0.02	LSS	未使用时：4V 左右；充电时＜0.5V
71	电池水温传感器接地	0.1	5V 信号地	0
74	电机水泵自诊断	0.005	PWM 检测	100Hz，占空比 10%～98%，高电平 11～13V，低电平＜0.5V
76	水泵继电器控制	0.15	LSS	断开时 13～14V；输出时：＜0.5V
77	主继电器控制	0.15	LSS	断开时 13～14V；输出时：＜0.5V
79	电池水泵转速控制	0.006	LSS	100Hz，占空比 10%～98%，高电平 11～13V，低电平＜0.5V
80	直流充电口温度传感器接地	0.1	5V 信号地	0
81	ADCAN-L	0.1	CAN 信号	查看 CAN 报文
82	挡位传感器 N 挡	0.005	模拟电压输入	打到 N1 挡：0.799V；离开 N1 挡：4.283V
84	主继电器状态回采	0.005	HSS	主继电器闭合时：13～14V；主继电器断开时 0V

续表

端子	端子定义	电流/A	信号类型	备注
85	制动开关信号	0.3	低电平检测	踩下刹车踏板, 0V; 松开刹车踏板 13~14V
86	直流充电唤醒信号	0.01	唤醒电	快充充电唤醒时: 13~14V; 无效时<0.5V
87	IG1 电源	0.5	唤醒电	车辆上电时 13~14V; 车辆下电时: <0.5V
88	高压互锁输出		PWM 输出	100Hz, 50% 占空比 (用万用表测试平均值 4.2V 左右)
90	挡位传感器 D 挡	0.005	模拟电压输入	打到 01 挡: 0.799V 离开 01 挡: 4.283V
92	制动开关常闭信号	5.25	低电平检测	踩下刹车踏板 13~14V 松开刹车踏板: 0
94	交流充电唤醒信号	0.01	唤醒电	慢充充电唤醒时: 13~14V; 无效时: <0.5V
101	挡位传感器 P 挡	0.005	模拟电压输入	按下 P 挡开关 (1.947±0.15) V 松开 P 挡开关: (4.68±0.15) V
104	挡位传感器 R 挡	0.005	模拟电压输入	打到 R1 挡: 0.799V; 离开 R1 挡: 4.283V
114	电源地	5	电源地	0
115	电源地	5	电源地	0
116	接地	10	搭铁地	0
119	12V 电源	5	12V 输入	13~14V

8.1.5 故障速诊: 新能源汽车 VCU 故障诊断

整车故障管理模式判断整车各个传感器、执行机构的状态; 置出相应的错误标志, 在故障情况下协调各个模块的计算、执行; 将故障状态记录、输出、消除。

整车控制器根据电机、电池、DC/DC 等零部件故障、整车 CAN 网络故障及 VCU 硬件故障进行综合判断, 确定整车的故障等级, 并进行相应的控制处理。整车控制器的故障等级的 4 级划分如表 8-3 所示。

表 8-3 整车控制器故障等级

等级	名称	故障后处理	故障列表
一级	致命故障	紧急断开高压	MCU 直流母线过压故障、BMS 一级故障
二级	严重故障	零扭矩	MCU 相电流过流、IGBT、旋变等故障; 电机节点丢失故障; 挡位信号故障
三级	一般故障	跛行	加速踏板信号故障
		降功率	MCU 电机超速保护
		限功率<7kW	跛行故障, SOC<1%, BMS 单体欠压、内部通信、硬件等二级故障
		限速<15km/h	低压欠压故障、制动故障
四级	轻微故障	只仪表显示(维修提示)能量回收故障, 仅停止能量回收	MCU 电机系统温度传感器、直流欠压故障; VCU 硬件、DC/DC 异常等故障

车辆必须能够与故障诊断仪通信，但凡故障诊断仪无法连接的车辆，请按图8-5顺序进行排查。

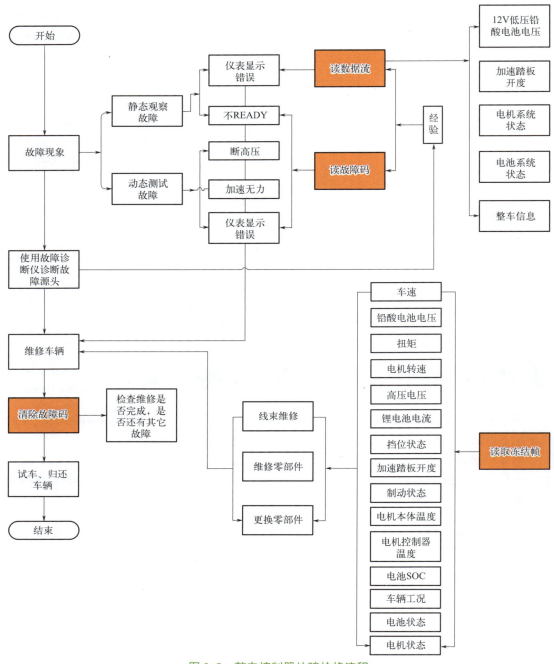

图 8-5 整车控制器故障检修流程

❶ 使用万用表，检查 VCU 的供电是否正常，包括 ON 挡电、常电；同时，需要检查低压电气盒中 VCU 的各个供电保险是否正常。

❷ 使用万用表，检查 OBD 诊断口与 VCU 的 CAN 总线线束连接是否牢固、正常。

❸ 如果以上都正常，请更换全新的整车控制器。

排查结束，故障诊断仪将可以顺利与整车控制器 VCU 建立 CAN 总线通信连接。

进入诊断界面，按照流程进行其它故障的定位、排查、维修，最后清除故障码、试车、线束维修。

当仪表显示整车故障时正确的诊断流程如下。

❶ 读取故障码。
❷ 读取冻结帧。
❸ 读取数据流。
❹ 维修。
❺ 清除故障码。
❻ 关闭钥匙，再打开钥匙到 ON 挡，再次读取故障码，确认故障不再存在，那么维修完成。

8.1.6 故障速诊：北汽新能源 EU5 网约版 VCU 故障诊断

使用诊断仪读取系统故障码信息，可以对应排查相关部件和电路。以北汽新能源 EU5 网约版车型为例，可扫码（见封底说明）参阅拓展案例相关信息进行故障诊断。

8.1.7 案例精解：比亚迪唐 DM 无法上 OK 电故障排除

▶ **故障现象：**

一辆行驶里程为 1200km 的全新一代唐 DM 车辆，车主反映开车时车辆无法行驶，且仪表上报故障"请检查行人探测系统""请检查动力系统"，如图 8-6 所示，P 挡一直在闪烁。多次退电上电故障依然无法排除。

图 8-6　仪表显示故障信息

▶ **维修过程：**

❶ 拖车到维修车间进行检查，发现车辆一切正常，没有出现车主反映的情况。

❷ 用 VDS2000 读取故障码都是历史故障，且有多个项目升级，将需要升级项目全部升级，故障码清除后不再出现。路试故障没有再现。

❸ 第二天早上车主又再次将车辆拖到维修间，检查发现故障确实存在（仪表上显示"请检查动力系统""请检查自动紧急制动系统""请检查行人探测系统""请检查 HDC 系统""请检查 ESP 系统"等，且 P 挡一直闪烁报警），用 VDS 读取故障码有很多，都是当前

故障（左前组合灯，U01A587 左前灯与前驱电机控制器失去通信；组合仪表，0011087 与电机控制模块失去通信；自适应巡航系统，0012186 ESP 信号无效、0011587 与 MG2 失去通信、0011087 与 MG2 失去通信；前主动泄放，0014100 与整车控制器通信故障；前驱动电机控制器，0014100 与整车控制器通信故障；后主动泄放，U01400 与整车控制器通信故障；后驱动电机控制器，0014100 与整车控制器通信故障；挡位控制器，UO11OOO 与电机控制器通信故障；DC-DC 总成，0014100 与整车控制器通信故障；车身控制器，B1ClD02 拨挡器的挡位信号故障、0010387 与 MG/ECM 失去通信；BSG，0014187 BSG 无法接受到整车控制器报文），有好多模块无法读到，包括整车控制器 BSG。

❹ 读完故障码后车辆自动恢复正常，P 挡不闪烁，仪表不报故障，可以正常上 OK 挡电，再次读取故障码都成为历史故障。多次上电退电故障不再出现，清除故障码后，再无故障。

❺ 对比两次拖车维修的时间，大概在上午十一点左右，这个时间段气温有所回升，应该是受到气温的影响。根据 VDS 上的故障分析大多数故障都与整车控制器有关联。检查整车控制器相关线束及针脚没有发现问题。由于车辆目前没有问题，整车控制器无法判断其内部是不是有问题。

❻ 故障车辆只要放一晚上就会出现同样故障，为了验证是不是与气温有关，模拟夜间气温，如图 8-7 所示将整车控制器放入冰箱内冷冻 2h 后装车，故障再现。与新车无故障车辆调换，故障再现。确定是整车控制器受温度影响出现内部故障。

图 8-7　将整车控制器置于冰箱

▶ **故障排除：**
更换整车控制器。

8.2　车身控制器（BCM）

8.2.1　原理秒懂：荣威 Marvel X 车型 BCM 系统功能

以荣威 Marvel X 车型为例，该车 BCM 安装于 A 柱左前侧围板处。BCM 原理框图如图 8-8 所示。

BCM 包括低功率模式的微处理器，电可擦除只读存储器（EEPROM），CAN、LIN 收发机和电源。BCM 具有离散的输入和输出端子，控制车身大部分功能。它通过高速 CAN 总线与其他主要电气系统交互作用，通过 LIN 总线与次要的电气系统交互作用。BCM 的电源模式主控模块（PMM）功能，为大部分车辆电器部件供电。

通过车身高速 CAN 总线，BCM 与以下部件直接通信：HVAC（空调系统）、PEPS（无钥匙进入和启动系统）、MSM（座椅记忆模块）、PLCM（电动尾门模块）。

使用 LIN 总线，车身控制模块与以下部件直接通信：PEPS（无钥匙进入和启动系统）、PWL（电动车窗）、DDSP（驾驶侧组合开关）、SR（天窗）、雨量灯光传感器、备用线圈、PDC 传感器。

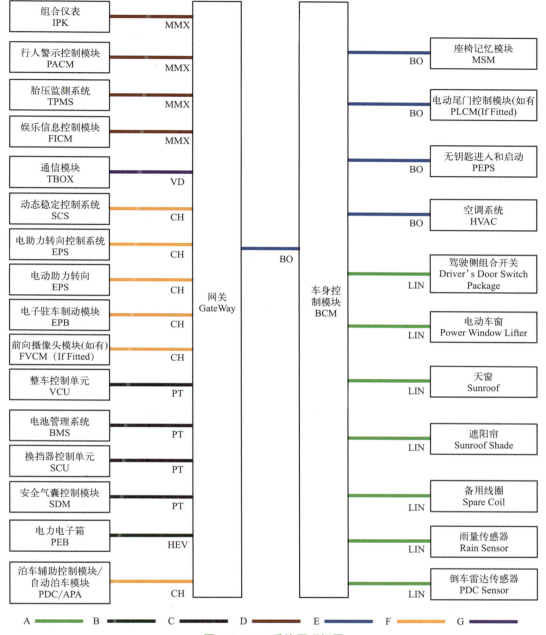

图 8-8　BCM 系统原理框图

A—LIN 线；B—混动高速 CAN 线；C—动力高速 CAN 线；D—多媒体高速 CAN 线；E—车身高速 CAN 线；F—底盘高速 CAN 线；G—诊断高速 CAN 线

8.2.2　原理秒懂：零跑 C01 车身控制系统

车身控制系统包含车身控制器、尾门控制器以及座椅控制器。各控制器安装位置如图 8-9 所示。

车身控制器控制以下功能：近光灯、远光灯、前转向灯、超车灯、前位置灯、背光灯、前顶灯、危险报警灯、伴我回家功能、寻车功能、遥控钥匙、方向盘加热、前舱盖锁、转向柱锁、中控锁、后视镜控制、后视镜加热、车窗控制、喇叭、胎压监测、ESCL 解闭锁、电开门、车身防盗、遮阳帘控制。

尾门控制器控制以下功能：后转向灯、后位置灯、后雾灯、倒车灯、制动灯、牌照灯、行李箱灯、后顶灯、充电口盖锁、行李箱锁、后排座椅加热控制（选配）。

座椅控制器控制以下功能：主驾调节、副驾调节、前座椅通风、前座椅加热、座椅迎宾记忆。

图 8-9　车身控制器安装位置

1—主车身控制器；2—整车控制器；3—座椅控制器；
4—雨量光线传感器；5—尾门控制器

8.2.3　故障速诊：北汽新能源 EU7 车身控制器故障诊断

使用诊断仪读取系统故障码信息，可以对应排查相关部件和电路。以北汽新能源 EU7 车型为例，可扫码（见封底说明）参阅拓展案例相关信息进行故障诊断。

8.2.4　案例精解：比亚迪 e1 车身控制器故障

▶ **故障现象：**

一辆比亚迪 e1 仪表挡位 N 挡闪烁，挡位旋钮背光不亮，无法挂挡。PAD 提示"请检查挡位系统"。

▶ **维修过程：**

❶ 连接 VDS 诊断仪，读取故障码，显示如图 8-10 所示。发现前驱动电机控制器、整车控制器、集成式车身控制器与气囊模块均有 CAN 信号和硬线信号异常现象，判断为车身网络故障所致。

图 8-10　故障码内容

❷ 由于当前无故障，测量换挡旋钮插接件 CAN 线、电源线、接地线均良好，且针脚无退针现象。

❸ 因故障发生时，SRS 与多个模块出现信号异常，且换挡旋钮不工作，故推测 IG1 供电

有问题。由于选挡按钮还存在背光不亮的情况，查看小灯保险及继电器良好，针脚无异常。

❹ 通过电路图（图8-11）可知，小灯继电器由集成式车身控制器插接件E来驱动。

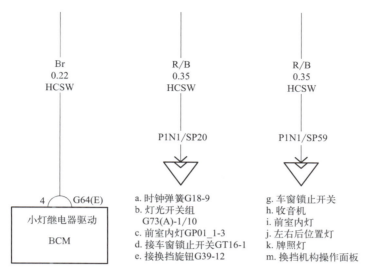

图8-11 小灯继电器驱动电路

❺ 排查BCM时发现，其插接件E虚接，未插接到位。处理插头后，反复试车，故障排除。

▶ **故障排除：**

处理BCM插接件针脚。

8.2.5 案例精解：比亚迪海豹锁车后外后视镜不折叠故障

▶ **故障现象：**

车主反映车辆锁门后外后视镜不折叠，比亚迪云服务APP显示左后门未上锁，行驶时一直有落锁声音。

▶ **维修过程：**

❶ 试车确认故障存在，使用VDS扫描无故障码。

❷ 将整车软件升级至最新版本，故障依旧。

❸ 读取左车身域控制器内门锁数据流，在锁门状态下左后门显示解锁（异常），其他门显示正常，导致系统判定一个车门未上锁，出现锁门后外后视镜不折叠，比亚迪云服务APP显示左后门未上锁，行驶时一直有落锁声音。

❹ 测试车辆解锁、闭锁动作，左后门闭锁电机动作正常，锁门后无法从车外打开车门。

❺ 拆开左前门门饰板，拔掉锁块插头，用万用表测量左后门闭锁器位置信号线无电压显示（异常，正常情况下车辆上电解锁状态下左车身域控制器到锁体应有12V电压信号，锁体解锁打开左后门，闭锁器位置信号对地显示车门解锁），分析左车身域控制器接地或左车身域控制器到锁体信号线与车身短路。

❻ 拔掉左车身域控制器KG64D接插器，用万用表测量V04-1与车身，显示6.8Ω（短

211

路异常），拔掉地板线束与左后门线束对接件，确认 KG64D-18 到 V04-1 这段线与车身短路，通过排查发现左 B 柱下地板线束处线束破损，与车身贴合导致与车身短路。左后门锁控制电路如图 8-12 所示。

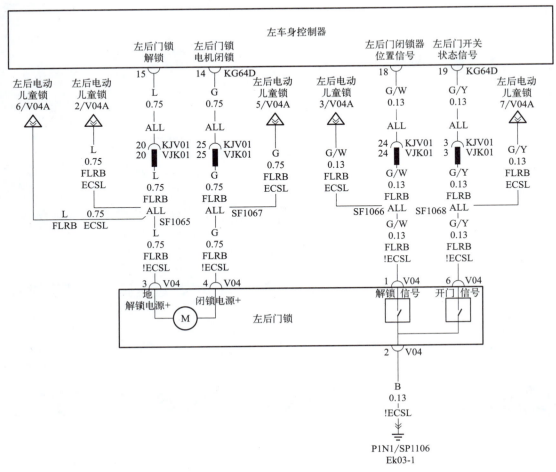

图 8-12　左后门锁控制电路图

● **故障排除：**

处理线束破损处，调整线束与车身护板安装孔距离，车辆复位，试车故障排除。